ERDŐS JÓZSEF
PRILESZKY CSILLA

Halló, itt Magyarország!

MAGYAR NYELVKÖNYV
KÜLFÖLDIEKNEK

II.

ERDŐS JÓZSEF
PRILESZKY CSILLA

Halló, itt Magyarország!

MAGYAR NYELVKÖNYV
KÜLFÖLDIEKNEK

II.

AKADÉMIAI KIADÓ

A fedélen Török György felvétele látható

A kazetták hangfelvételét
a Muszty-Dobay Bt. készítette

Lektorálta
Kovácsi Mária

Az illusztrációkat készítette
Lehoczki Károly

ISBN 963 05 7577 9 – összkiadás
ISBN 963 05 7576 0 – II. kötet

Kiadja az Akadémiai Kiadó Rt.
1117 Budapest, Prielle Kornélia u. 4.

Első kiadás: 1992
Második, többnyelvű szószedettel bővített, javított kiadás: 1995
Harmadik, felújított és bővített kiadás: 2001

© Erdős József és Prileszky Csilla jogutódjai, 1992, 1995, 2001

Minden jog fenntartva, beleértve a sokszorosítás,
a nyilvános előadás, a rádió- és televízióadás, valamint a fordítás jogát,
az egyes fejezeteket illetően is.

Akadémiai Kiadó Rt., 2001
A kiadásért felelős az Akadémiai Kiadó igazgatója
A szerkesztésért felelős: Pomázi Gyöngyi
Vezető szerkesztő: Kiscelli Piroska
Termékmenedzser: Kiss Zsuzsa
Tipográfia: Sebestyén László
Tördelés: Starkiss Repro Stúdió

A nyomdai munkálatokat a Regia Rex Nyomda Kft. készítette, Székesfehérvár

Printed in Hungary

Tartalomjegyzék

Nyelvtani jelmagyarázat 7

1. lecke: Ismerjük már egymást? 9
2. lecke: Mikor indul a legközelebbi vonat? 16
3. lecke: Sohasem akartam színésznő lenni… 23
4. lecke: Fáradjon a pénztárhoz! 30
5. lecke: Legfeljebb százzal mentem 37
6. lecke: Vakbélgyulladásom van! 44
7. lecke: Kellemes ünnepeket! 51
8. lecke: Hol vannak az esőkabátok? 58
9. lecke: Hova menjünk nyaralni? 65
10. lecke: Van valami elvámolnivalója? 72
11. lecke: Most mi az ördögöt csináljak? 79
12. lecke: Mikor kezdett sportolni? 86
13. lecke: Szívből gratulálok! 93
14. lecke: Az álláshirdetésre jöttem 100
15. lecke: Én igazán igyekszem 107
16. lecke: Fogadjunk, hogy nem találod ki! 114
17. lecke: Úristen! Mi történt veled? 121
18. lecke: A városnéző buszon 128
19. lecke: Ismerd meg Magyarországot! 135
20. lecke: Érezzétek otthon magatokat! 142

Nyelvtani táblázatok 149

Szavak 152

Nyelvtani jelmagyarázat

1. *Mondatrészek*

- 🟩 alany
- 🟥 állítmány
- 🟨 tárgy
- 🟫 határozó

2. *Személyek*

1	vagy	👤¹	=	én	(engem, enyém, értem stb.)
2	vagy	👤²	=	te	(téged, tied, érted stb.)
3	vagy	👤³	=	ő	(őt, övé, érte stb.)
3̇	vagy	👤³̇	=	ön	(önt, öné, önért stb.)
1 1	vagy	👤👤 ¹ ¹	=	mi	(minket, mienk, értünk stb.)
2 2	vagy	👤👤 ² ²	=	ti	(titeket, tietek, értetek stb.)
3 3	vagy	👤👤 ³ ³	=	ők	(őket, övék, értük stb.)
3̇ 3̇	vagy	👤👤 ³̇ ³̇	=	önök	(önöket, önöké, önökért stb.)

3. *Egyéb*

≈   hasonlóképpen; ugyanígy

!   figyelem; kivétel

1. LECKE

Ez valóban meglepetés volt!

Paul Braun több német lapnak dolgozik. Közülük az egyik a *Geld und Glück* című magazin. Ez a lap elsősorban híres vagy gazdag emberekről: politikusokról, milliomosokról, művészekről, sportolókról ír. Paul riportot akar készíteni a lap számára egy híres magyar színésznővel. Tanácsot kér egyik magyar ismerősétől, Asztalos Bélától. Béla filmkritikus, és így szinte minden magyar filmszínészt ismer. Egy fiatal pécsi színésznőt ajánl neki, Kis Ibolyát, akit nemrég az év színésznőjének választottak Európában. A Pécsi Nemzeti Színház telefonszámát is megadja neki. Paul péntek délelőtt felhívja a színházat.

❏ Halló! Nemzeti Színház.

● Jó napot kívánok! Kis Ibolya művésznővel szeretnék beszélni.

❏ Ki keresi, és milyen ügyben?

● Paul Braun vagyok Berlinből. A *Geld und Glück* tudósítója vagyok. Riportot szeretnék csinálni vele.

❏ Egy kis türelmet kérek. A művésznő éppen próbál, de azonnal szólok neki.

▲ Halló! Kis Ibolya beszél.

● Kezét csókolom, művésznő! Paul Braun vagyok ...

▲ Ismerjük már egymást?

● Nem, még nem találkoztunk ... Német újságíró vagyok. Riportot szeretnék készíteni önnel az újságom számára.

▲ És melyik újságról van szó?

● A *Geld und Glück* tudósítója vagyok.

▲ Nem hallottam még róla.

● Egy színes magazin, amelynek sok millió olvasója van.

▲ Hányan jönnek? Fotóst is hoz magával?

● Egyedül megyek, fotóriporter, sajnos, nem jött velem. De a művésznő biztosan tud adni egy-két jó képet, és azokat betesszük a lapba. Mikor találkozhatunk?

▲ Hányadika is van ma?

● Április 13-a van, péntek.

▲ Igen ... Megfelel önnek a jövő héten, mondjuk szombaton?

● Természetesen. Amikor a művésznőnek jó. Én mindenben alkalmazkodom önhöz.

▲ Akkor április 21-én, szombaton, délután 4 órakor várom. Rendben van?

● Kitűnő. És előre is köszönöm.

B

1.

tárgyal   állásügy

lakásügy   diktál

magánügy

❏ Halló! Kovács doktor úrral szeretnék beszélni.
- Ki keresi, és milyen ügyben?

❏ Tiszai János vagyok. Magánügyben keresem.
- Egy kis türelmet kérek. A doktor úr rendel, de rögtön szólok neki.

vizsgaügy   vizsgáztat

vízumügy

2.

■ Ki az a lány?
▲ Melyik? Akin piros pulóver van?
■ Nem. Az, aki fagylaltot eszik.
▲ Nem ismered? Az Judit, az igazgató lánya. Gyere! Bemutatlak neki.

3.

○ Hol van a felesége?
● Ott van az autóban.
○ Melyikben? Amelyik a fa alatt áll?
● Nem. Abban, amelyik körül az emberek állnak.

4.

Ernest Hemingway (1899. VII. 21.–1961. VII. 2.)	spanyol	politikus
Bartók Béla (1881. III. 25.–1945. IX. 26.)	orosz	festő
Albert Einstein (1879. III. 14.–1955. IV. 18.)	amerikai	zeneszerző
Pablo Picasso (1881. X. 25.–1973. IV. 8.)	magyar	író
Indira Gandhi (1917. XI. 19.–1984. X. 31.)	indiai	költő
Enrico Caruso (1873. II. 25.–1921. VIII. 2.)	magyar	filmrendező
Petőfi Sándor (1823. I. 1.–1849. VII. 31.)	német	operaénekes
Szergej Eizenstein (1898. I. 23.–1948. II. 11.)	olasz	fizikus
Greta Garbo (1905. IX. 18.–1990. IV. 15.)	svéd	filmszínésznő

a) ☐ Mikor született Hemingway?
● 1899. július 21-én.

☐ És mikor halt meg?
● 1961. július 2-án.

b) Ernest Hemingway, aki híres amerikai író volt, 1899. július 21-én született, és 1961. július 2-án halt meg.

5.

Január
H 1 8 15 22 29
K 2 9 16 23 30
Sz 3 10 17 24 31
Cs 4 11 18 25
P 5 12 19 26
Sz 6 13 20 27
V 7 14 21 28

Február
H 5 12 19 26
K 6 13 20 27
Sz 7 14 21 28
Cs 1 8 15 22
P 2 9 16 23
Sz 3 10 17 24
V 4 11 18 25

Március
H 5 12 19 26
K 6 13 20 27
Sz 7 14 21 28
Cs 1 8 15 22 29
P 2 9 16 23 30
Sz 3 10 17 24 31
V 4 11 18 25

Április
H 2 9 16 23 30
K 3 10 17 24
Sz 4 11 18 25
Cs 5 12 19 26
P 6 13 20 27
Sz 7 14 21 28
V 1 8 15 22 29

Május
H 7 14 21 28
K 1 8 15 22 29
Sz 2 9 16 23 30
Cs 3 10 17 24 31
P 4 11 18 25
Sz 5 12 19 26
V 6 13 20 27

Június
H 4 11 18 25
K 5 12 19 26
Sz 6 13 20 27
Cs 7 14 21 28
P 1 8 15 22 29
Sz 2 9 16 23 30
V 3 10 17 24

Július
H 2 9 16 23 30
K 3 10 17 24 31
Sz 4 11 18 25
Cs 5 12 19 26
P 6 13 20 27
Sz 7 14 21 28
V 1 8 15 22 29

Augusztus
H 6 13 20 27
K 7 14 21 28
Sz 1 8 15 22 29
Cs 2 9 16 23 30
P 3 10 17 24 31
Sz 4 11 18 25
V 5 12 19 26

Szeptember
H 3 10 17 24
K 4 11 18 25
Sz 5 12 19 26
Cs 6 13 20 27
P 7 14 21 28
Sz 1 8 15 22 29
V 2 9 16 23 30

Október
H 1 8 15 22 29
K 2 9 16 23 30
Sz 3 10 17 24 31
Cs 4 11 18 25
P 5 12 19 26
Sz 6 13 20 27
V 7 14 21 28

November
H 5 12 19 26
K 6 13 20 27
Sz 7 14 21 28
Cs 1 8 15 22 29
P 2 9 16 23 30
Sz 3 10 17 24
V 4 11 18 25

December
H 3 10 17 24 31
K 4 11 18 25
Sz 5 12 19 26
Cs 6 13 20 27
P 7 14 21 28
Sz 1 8 15 22 29
V 2 9 16 23 30

a) ▲ Mikor van a születésnapod?
● Június 17-én.
▲ Milyen napra esik?
● Vasárnapra.

b)
Athén	Damaszkusz	Havanna	New York
Hétfő	Kedd	Hétfő	Szerda
Szerda	Csütörtök	Csütörtök	Péntek
Péntek	Szombat	Péntek	Vasárnap
Vasárnap			
		Márc. 19–25.	

☐ Mikor indul gép Havannába?
▲ Hétfőn, 19-én, csütörtökön, 22-én és pénteken, 23-án.

c) ☐ Milyen napra esik idén március 15-e?
○ Csütörtökre.

Május 1.
Augusztus 20.
Október 23.
December 25.
December 31.

d) ■ Mikor találkozhatunk?
● Hányadika is van ma?
■ Október huszonnegyedike, szerda.
● Igen ... ezen a héten végig foglalt vagyok. Megfelel önnek a jövő héten, mondjuk kedden?
■ Délelőtt vagy délután?
● Délután.
■ Igen, akkor én is ráérek.
● Rendben van, akkor október harmincadikán, kedden, délután négy órakor várom.

NYELVTAN

C

maga

Kati nézi **magát** a tükörben.
≈ (én) nézem **magamat**
(te) nézed **magadat**
stb.

Veszek **magamnak** egy inget.
≈ **Magunkkal** visszük a gyerekeket külföldre.
stb.

az ..., { aki / amelyik }

Melyik asztalon van a virág?
Azon az asztalon van, **amelyik az ablaknál áll**.
  amelyik**en** a rádió.
  amelyik **alatt** a kutya fekszik.
Az asztalon, amelyik az ablaknál áll, virág van.

A táska annál a férfinál van, aki telefonál.
A férfinál, aki telefonál, egy táska van.

egymást

egymásnak
stb.

Kati és Laci szeretik **egymást**.
Az egyetem klubjában találkoztak **egymással**.
Mindenben segítenek **egymásnak**.
Egymás nélkül nem tudnak élni.

Hányan? -an / -en

Ennél az asztalnál **négyen** ülnek.
(= négy ember ül)

A vállalatnál **hárman** beszélünk spanyolul.

Hányadika van ma?
Mikor? (Hányadikán?)

Ma **január tizenhatodika** van. (január 16.)
Január huszonharmadikán külföldre utazom. (január 23-án)

≈ február
március
április
stb.

1. elseje
2. másodika
12. tizenkettedike
stb.

1-jén elsején
2-án másodikán
12-én tizenkettedikén
stb.

SZAVAK

IGÉK
alkalmazkodik
diktál
megad
meghal
próbál
szórakozik
születik
vizsgáztat

FŐNEVEK
állás
edző
filmkritikus
filmrendező
filmszínész
fizikus
fotóriporter
fotós
író
konzul
költő
magánügy
magazin
milliomos
művész
nagyapa
néni
olvasó
osztályvezető
politikus
riport
tanács
telefonszám
tudósító
ügy
vízum

MELLÉKNEVEK
című
foglalt
fő
indiai
jövő
kitűnő
svéd

EGYÉB SZAVAK
aki
amely
amelyik
ami
előre
közül
nemrég
régóta
rögtön
számára
szinte
több
újra

KIFEJEZÉSEK
tanácsot kér vkitől
Milyen ügyben?
riportot csinál/készít vkivel
vki szól vkinek
szó van vmiről
Hányadika van?
a jövő héten
Előre is köszönöm.
Milyen napra esik?

D

1. Egészítse ki a mondatokat a *maga* névmás megfelelő ragos vagy névutós alakjával!

maga
> Péter vesz egy rádiót *magának*. Nem szeretek ___ ___ ___ beszélni. Jól éreztük ___ ___ ___ a diszkóban. ___ ___ ___ viszitek a gyerekeket a Balatonhoz? Jól ismerem ___ ___ ___. Mit főztél tegnap este ___ ___ ___? Letettem a táskát *magam mellé*. A lányok kávét készítettek ___ ___ ___. Éva *elé* ___ ___ ___ ___ tette a könyvet, és olvasni kezdett. A kisgyerekek még nem tudnak vigyázni ___ ___ ___ az utcán. Meghívtuk ___ ___ ___ külföldi barátainkat. Töltöttem ___ ___ ___ egy pohár bort.

2. Egészítse ki a mondatokat az *egymás* névmás megfelelő ragos vagy névutós alakjával!

egymás
> Ádám és Éva régóta ismerik *egymást*. ___ ___ ___ ___ ___ ___ laktak: Ádám a hatodik, Éva a hetedik emeleten. Amikor gyerekek voltak, végig ___ ___ ___ ___ ___ ___ ültek az iskolában, és délután is gyakran átmentek ___ ___ ___. Középiskolás korukban együtt jártak diszkóba, és mindig csak ___ ___ táncoltak. A középiskola után azonban sokáig nem látták ___ ___. Évekig szinte semmit sem hallottak ___ ___ ___. Három héttel ezelőtt találkoztak ___ ___ ___ az utcán. Az első pillanatban alig ismerték meg ___ ___ ___, de este már újra együtt táncoltak egy diszkóban. És azóta nem váltak el ___ ___ ___. Nagyon szeretik ___ ___ ___, érzik, hogy szükségük van ___ ___ ___, és tudják, hogy ___ ___ ___ ___ ___ nem tudnak élni. Igaz, van egy kis probléma: Éva férjnél van, és van két fia, Ádám pedig nős, és három lánya van. A fő baj azonban az, hogy az unokáik nem akarják megérteni, miért nem velük játszik a nagymama és a nagypapa ...

3. Egészítse ki a mondatokat a képeknek megfelelően! (Jelzői mellékmondatok.)

> A telefon azon az *asztalon* van, amelyik... a könyv.
> Pali a ___ ___ ___ az asztal *mellett* ül, ___ ___ ___ a telefon és a könyv van.
> A kutya az alatt az ___ ___ ___ alatt fekszik, amelyik... Pali ül.
> Az asztalon, amelynél ___ ___ ___, ___ ___ ___ van.
>
> János azzal a ___ ___ ___ beszélget, akinek ___ ___ ___ ___ ___ ___.
> ___ ___ ___ a lánynak van hosszú haja, ___ ___ ___ az ablaknál ül.
> Az a ___ ___ ___ ül az ___ ___ ___, ___ ___ ___ János ___ ___ ___.
> A lány, akivel ___ ___ ___ ___ ___ ___, az ablaknál ül. A lány..., aki ___ ___ ___ ___ ___ ___, hosszú haja van.

14

4. a) Alakítsa át a mondatokat a példa szerint!

Sok ember van a téren. ⟶ Sokan vannak a téren.

Az autóban három ember ült. Ennél a vállalatnál 2500 ember dolgozik. Sok ember nem szereti a zsíros húst. Tegnap nagyon kevés beteg volt a rendelőben. Jaj, de sok vendég van az étteremben!

b) Egészítse ki a mondatokat a példa szerint!

A családomban _öten_ __ (5) vagyunk. Hány. . . jöttök hozzánk este? Ezt a szekrényt __ __ __ (2) nem tudjuk bevinni. __ __ __ (7) vagyunk ebben a teremben. Nagyon sok. . . voltunk a stadionban. __ __ __ (4) mentünk az étterembe.

5. Keressen igéket és kifejezéseket!

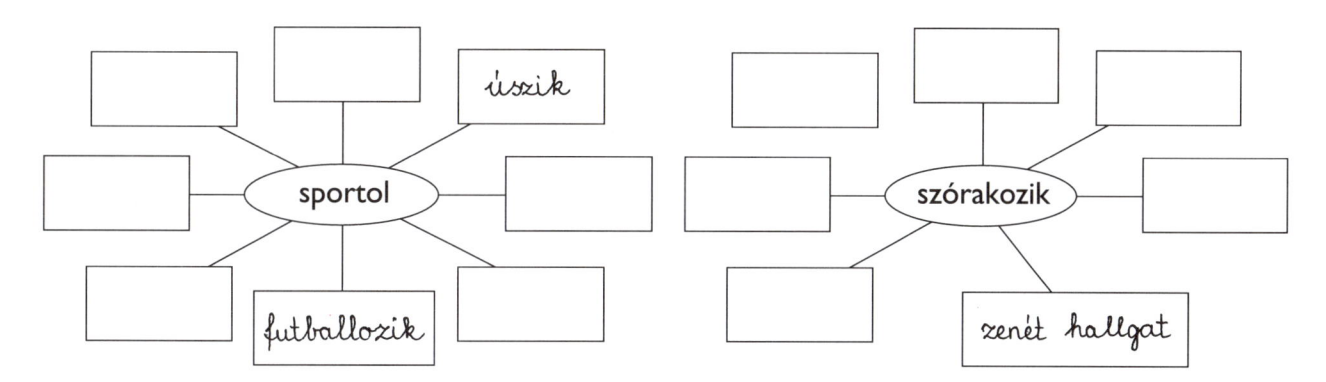

sportol: úszik, futballozik, ...

szórakozik: zenét hallgat, ...

JEGYZETEK

2. LECKE

Mikor indul a legközelebbi vonat?

❑ Szervusz, Juli! Régen láttalak. Remélem, nem voltál beteg.
● Á, dehogy. Csak néhány napig Bécsben voltam. Most érkeztem vissza. Itt mi újság?
❑ Semmi különös. Egyébként mit csinálsz holnap?
● Szombaton? Nem is tudom. Nincs semmi fontos dolgom. Miért?

❑ Pécsre utazom. Riportot készítek egy színésznővel. Nem jössz el? Hiszen te pécsi vagy, jól ismered a várost.
● És téged is jól ismerlek. Biztosan nem akarsz unatkozni útközben. De miért ne? A férjem és a fiam úgyis „férfiprogramot" tervez a hétvégére. Horgászni mennek a Velencei-tóra. Szívesen elkísérlek.
❑ Remek! A vonaton majd elmeséled, mit csináltál Bécsben.

● Vonaton megyünk?
❑ Persze. Gyorsabb és kényelmesebb is, mint az autó.
● Mikor és hol találkozunk?
❑ Tízkor várlak a Déli pályaudvaron. Rendben van?
● Jó. Pontos leszek.

❑ Mikor indul a legközelebbi vonat Pécsre?
▲ Tíz óra huszonötkor indul a gyors az ötös vágányról. De mehet személlyel is, az tíz harmincötkor indul.
❑ És mikor érkezik a gyors Pécsre?
▲ Tizenhárom negyvenkor.
❑ Akkor gyorsvonat első osztályra kérek két retúrt.
▲ Hétezer-négyszáz forint. Tessék.
❑ Helyjegy nem kell?
▲ Nem.

❑ Elnézést kérek. Van két szabad hely?
▲ Igen, tessék.
❑ Bocsánat. Öné ez a táska?
▲ Az enyém. De azonnal felteszem.
❑ Köszönjük.
● Nem zavarja önöket, ha rágyújtok?
▲ Csak tessék.

1.

elvesz

megköt

❏ Elnézést kérek! Öné ez az ernyő?
● Igen, az enyém. De azonnal elveszem.
❏ Köszönöm.

eltesz

elvisz

2.

■ Nem zavarja, ha bekapcsolom a rádiót?
○ Csak tessék! Én is szeretem a zenét.

kinyit   jó levegő   hoz   állat   tesz (váza)   virág

3.

▲ Segíthetek valamiben?
● Igen. Televíziót keresek.
▲ Ez a készülék nagyon jó. 96 ezer forintba kerül.
● Ez nekem túl drága. Tud valami olcsóbbat ajánlani?
▲ Természetesen. Ez a másik csak 54 ezer forint, és nem sokkal kisebb.
● Azt hiszem, ez megfelel.

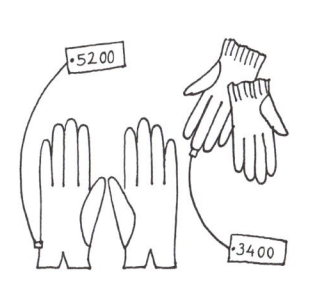

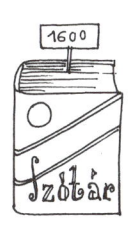

4.

■ Mivel megyünk Szentendrére, HÉV-vel vagy busszal?
○ HÉV-vel. Az gyakrabban jár, és olcsóbb is, mint a busz.
■ Jó. Én is jobban szeretek HÉV-vel utazni.

Leányfalu | Bécs | Párizs | Duna-part

kényelmes, érdekes, olcsó, gyors, szép, egészséges

5.

Hova?	Indulás	Vágány	gyors = gy. személy = sz.
Szeged	6.25	13	gy.
Miskolc	7.00	5	gy.
Debrecen	7.05	19	gy.
Szeged	7.20	10	sz.
Debrecen	8.00	13	sz.
Miskolc	10.00	5	gy.
Szeged	10.15	3	gy.
Debrecen	12.00	19	gy.
Miskolc	13.00	7	gy.
Debrecen	13.30	11	sz.
Miskolc	13.45	7	sz.

7.25 (Szeged) **10.30** (Debrecen) **13.15** (Miskolc) **8.05** (Debrecen)

❑ Mikor indul a legközelebbi vonat Szegedre?
● Tíz óra tizenötkor.
❑ Hányadik vágányról?
● A harmadikról.
❑ Személy- vagy gyorsvonat?
● Gyors.

6.

Bp. Nyugati pályaudvar	Szeged	gy./sz.
1.20	4.10	gy.
6.25	8.44	gy.
7.20	11.32	sz.
8.15	10.52	gy.
10.15	12.51	gy.
14.25	16.51	gy.
16.25	18.44	gy.
18.15	20.52	gy.
19.15	22.20	sz.

Bp. Keleti pályaudvar	Miskolc	gy./sz.
4.35	8.42	sz.
6.10	8.28	gy.
7.00	9.00	sz.
10.00	12.20	gy.
13.00	15.15	gy.
13.45	17.06	sz.
14.23	15.45	gy.
16.00	18.18	gy.
17.00	19.00	gy.
18.35	22.00	sz.

Bp. Déli pályaudvar	Pécs	gy./sz.
5.45	10.35	sz.
7.30	10.25	gy.
12.05	17.36	sz.
14.50	19.55	sz.
15.50	18.40	gy.
18.40	21.40	gy.

Bp. Keleti pályaudvar	Győr	gy./sz.
5.40	8.13	sz.
6.50	9.33	sz.
12.55	15.48	sz.
15.30	17.14	gy.
17.00	19.33	sz.
18.30	19.57	gy.

❑ Három jegyet kérek Szegedre. Gyorsvonat, másodosztály.
● Csak oda, vagy menettértit?
❑ Csak oda.
● Háromezer-négyszázötven forint.

❑ Délelőtt akarok Szegedre utazni. Mikor van vonat?
● Két gyorsvonat indul: nyolc tizenötkor, illetve tíz tizenötkor, és van egy személy hét húszkor.
❑ És mikor érkeznek Szegedre?
● A gyorsvonatok tíz ötvenkettőkor, illetve tizenkettő ötvenegykor, a személy pedig tizenegy harminckettőkor érkezik.
❑ Köszönöm szépen.

NYELVTAN

C

|___ ___ ___bb|
|leg___ ___ ___bb|

János magas.   Péter magas**abb**.   Laci a **leg**magas**abb**.

Péter magas**abb** { , **mint** János.
                     János**nál**.

| olcsó**bb** |
| magas**abb** |
| széles**ebb** |

! ki*cs*i ⟶ ki*s*ebb   nehéz ⟶ neh*e*zebb   ! sok ⟶ több
  nagy ⟶ nagy*o*bb   könnyű ⟶ könny*e*bb   kevés ⟶ kevesebb
  jó ⟶ j*o*bb   hosszú ⟶ hossz*a*bb
  szé*p* ⟶ sz*e*bb   lassú ⟶ lassúbb/lass*a*bb

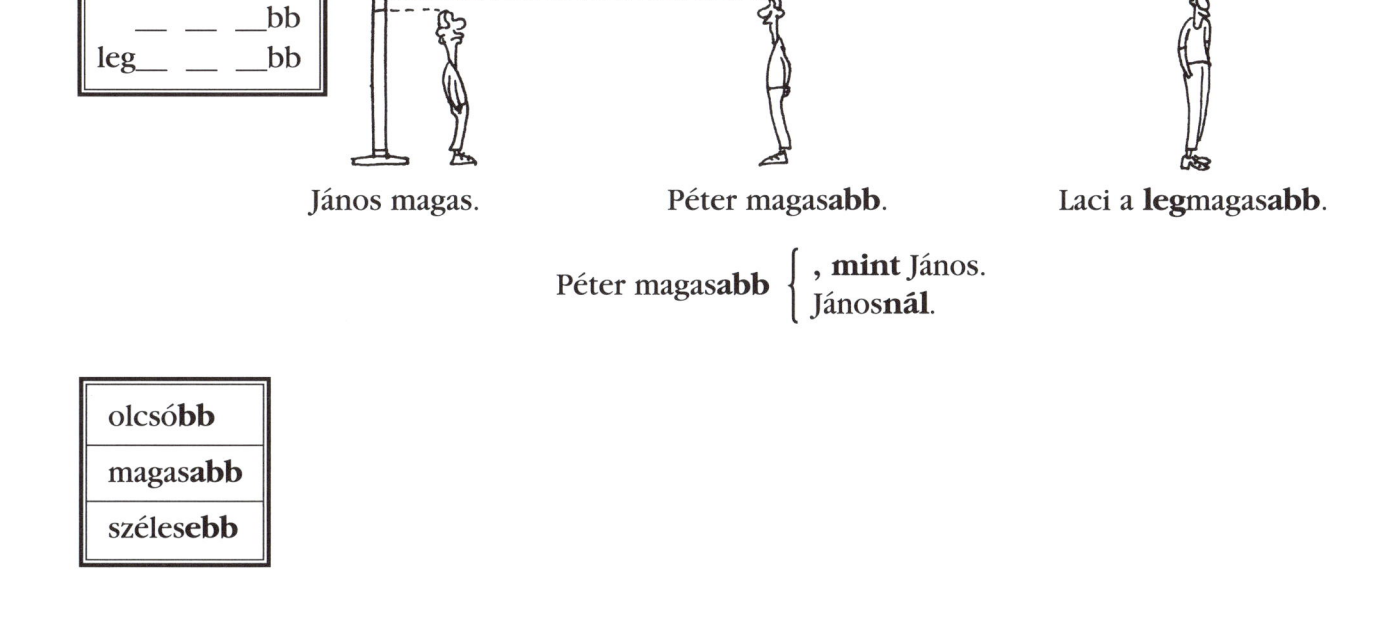

Az autó gyorsan megy.   A vonat gyors**abban** megy.   A repülőgép megy a **leg**gyors**abban**.
≈ szebben, jobban, lassabban stb.

| -é |

1	az enyém
2	a tied
3	az övé

1 1	a mienk
2 2	a tietek
3 3	az övék

| 3̂ | az öné |

| 3̂ 3̂ | az önöké |

|Ki**é**| ez a táska?
Ez a táska |Péter**é**|.

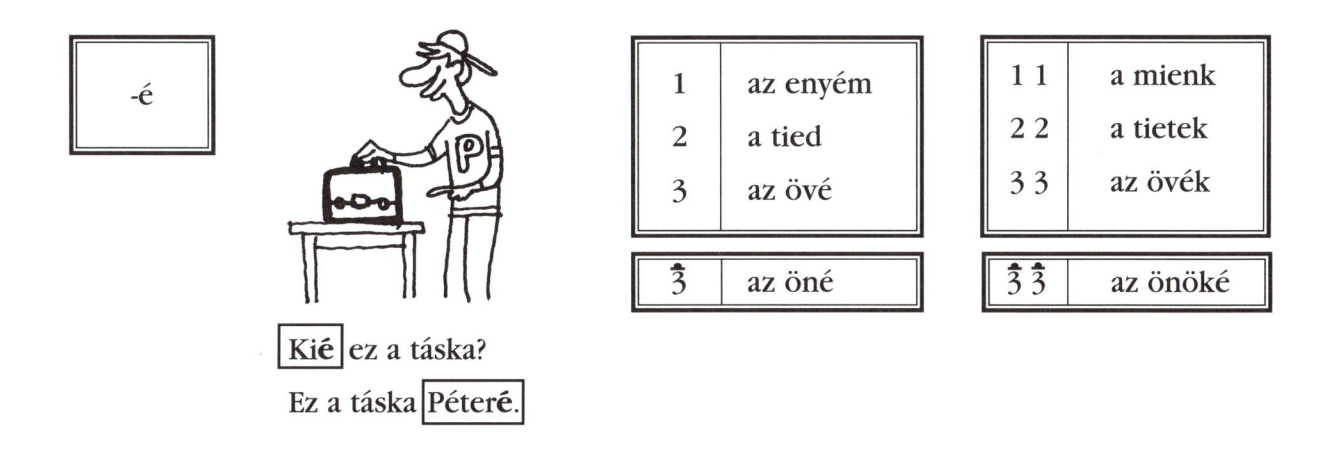

SZAVAK

IGÉK
bekapcsol
elkísér
elmesél
eltesz
elvesz
horgászik
megköt
tervez
zavar

FŐNEVEK
elnézés
ernyő
gyors(vonat)
helyjegy
HÉV
király
másodosztály
retúr
személy(vonat)
utas
vágány
váza

MELLÉKNEVEK
különös
legközelebbi
menettérti
rendetlen

EGYÉB SZAVAK
egyébként
enyém
hiszen
illetve
mint
régen
szerencsére
úgyis
útközben

KIFEJEZÉSEK
Semmi különös.
Nem is tudom.
Pontos leszek.
első osztály
szabad hely
Csak tessék!
jobban szeret
menettérti jegy
színes televízió
fekete-fehér televízió

D

1. Egészítse ki a mellékneveket a középfok végződésével!

–bb	kedves...; erős...; udvarias...; régi...; zsúfolt...; jó...; csúnya...; öreg...; fiatal...;
–abb	szép...; savanyú...; keserű...; sós...; édes...; csinos...; hosszú...; új...; beteg...;
–ebb	lusta...; világos...; sötét...; könnyű...; nehéz...; olcsó...; drága...; kényelmetlen...; okos...

2. Egészítse ki a mondatokat a hiányzó végződésekkel és szavakkal!

Sok ember szerint a magyar nyelv nehéz..., __ __ __ az angol. Magyarország kicsi... Franciaország. ... A színes televízió drága..., __ __ __ a fekete-fehér. A fagylalt édes... a gyümölcs. ... Anna a ...csinos... a lányok közül. Laci sokkal rendetlen... János. ... Budapesten kevés... szálloda van, __ __ __ Bécsben. __ __ __ (sok) magyar szót ismerek, __ __ __ te. Magyarországon Budapest a ...nagy... város. Repülőgépen kényelmes... utazunk, __ __ __ vonaton. Éva __ __ __ (szép) énekel Mária. ... A rádió hangos... szól a televízió. ... Mi egészséges... élünk, __ __ __ ti. Ali rossz... beszél magyarul, __ __ __ Anita.

3. Egészítse ki a mondatokat birtokos személyragokkal, illetve birtokos névmásokkal az ábráknak megfelelően!

Ez Anna kutyája.
Ez a kutya Anna. ...

Ez a te óra...?
Ez az óra a __ __ __?

Az az én ház. ...
Az a ház az __ __ __.

Ez a ti magnó...?
Ez a magnó a __ __ __?

Az az ő erkély. ...
Az az erkély az __ __ __.

Ez a mi kert. ...
Ez a kert a __ __ __.

4. Egészítse ki a mondatokat a hiányzó végződésekkel és szavakkal!

Tegnap Pécs... utaztam. Vonat... mentem, mert nincs autó. ... A barátnőmmel akart... utazni, de sajnos__ __ __ más program... volt. Reggel 7 óra... indultam otthonról. Taxi... mentem a pályaudvar. ... Ott először megvesz... a jegyemet. Szerencsére nem kellett sokat vár...; a pénztár előtt nem __ __ __ hosszú sor. Menettérti jegy... vettem gyorsvonat másodosztályra. Igaz, az első osztály kényelmes..., ott mindig kevés... utas van, mint a másodosztályon, de sokkal drága... is. A vonat indulása előtt még __ __ __ (vesz) néhány újságot, nem akar... unatkozni útközben. Azután beszáll... a vonatba, és keres... egy szabad helyet. A vonat pontos... indult, és 10 óra __ __ __ már Pécsen voltam.

5. Írja be a szavakat! (A vastag keretben egymás alatt azonos betűk vannak.)

királyok laknak benne
a közönség a jó előadás után __ __ __
újságot __ __ __
bútor
alacsony ⟷ __ __ __
gyümölcs
sok ember __ __ __ a Balatonnál
éjjel az ember __ __ __

JEGYZETEK

3. LECKE

Sohasem akartam színésznő lenni ...

Miután Paul és Juli megérkezett Pécsre, egyenesen Juli szüleihez mentek ebédelni. Ebéd után Paul bement a színházba elkészíteni a riportot Kis Ibolyával. A színésznő az öltözőjében várta. Nem egészen olyan volt, mint a fényképein, de Paulnak így még jobban tetszett. Egyszerűen és természetesen válaszolt a kérdésekre.

❏ Mindenekelőtt legyen szíves, mondjon valamit saját magáról és a családjáról!

● 1977-ben születtem Sopronban. A szüleim ma is ott élnek; apám ügyvéd, anyám pedig óvónő. Két testvérem van. A bátyám külkereskedő, most éppen Spanyolországban dolgozik. A húgom hat évvel fiatalabb nálam, ő még középiskolás. Én is Sopronban jártam általános iskolába, és ott végeztem el a gimnáziumot is.

❏ Már középiskolás korában színésznő akart lenni?

● Az igazat megvallva, sohasem akartam az lenni. Az érettségi után két évig tanultam a szegedi egyetemen angol-francia szakon. Tolmácsnak és fordítónak készültem.

❏ Hogyan kezdődött a színészi pályája?

● Teljesen véletlenül. Tudja, egyszer egy barátnőm meghívott a születésnapjára. Ott találkoztam a bátyjával, aki filmrendező. Ő adott nekem egy kis szerepet az egyik filmjében. Ez négy évvel ezelőtt történt ...

❏ És sikere volt a filmnek?

● Dehogy! Megbukott. De ebben a filmben látott engem Handa András, és nekem adta első filmje főszerepét.

❏ És a világ két évvel ezelőtt ismerte meg, amikor Handa filmje díjat kapott több nemzetközi filmfesztiválon, és önt Európában az év színésznőjének választották. Mi is volt ennek a filmnek a címe?

● „A pénz nem boldogít, de ...". Nagyon érdekes film volt, ma is nagyon szeretem.

❏ És mióta játszik itt a színházban?

● Két éve.

❏ Olvasóinkat nagyon érdekli, hogy miért nem látjuk többször filmen.

● Az az igazság, hogy jobban szeretek színházban játszani. Bár Handa Bandi új filmjében megint én játszom a női főszerepet.

❏ És ön szerint igaz, hogy a pénz nem boldogít?

● Igaz. De az is igaz, hogy „... jó, ha van".

23

B

1.

Kis Ibolya
1977. IX. 17., Sopron
apja: ügyvéd
anyja: óvónő
testvérek: 2
ált. isk. }
középisk. } Sopron
érettségi – 1995
1995 – Szeged, egyetem
　　　　(angol–francia)
1996 – első film
1997 – abbahagyja az egyetemet
1997 – filmfőszerep
1998 – az év színésznője (Európa)
1997 óta Pécsi Nemzeti Színház,
　　　inkább színházban játszik

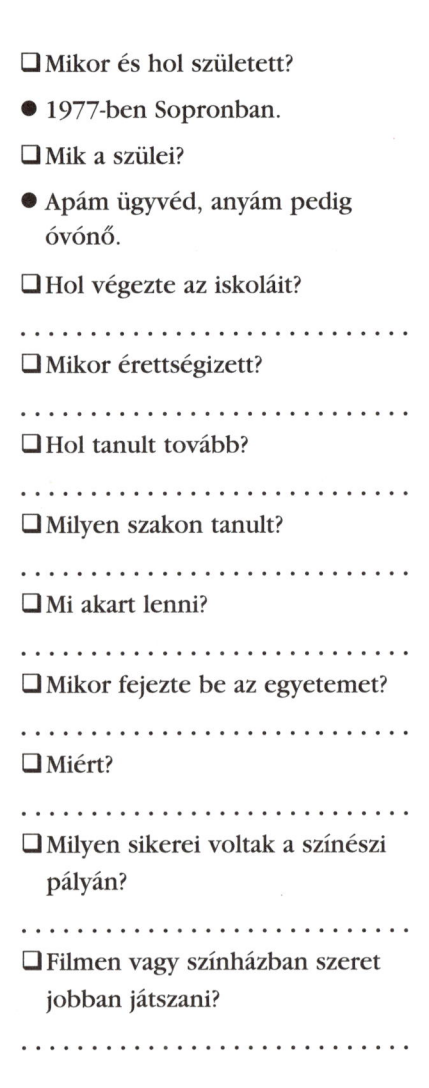

❑ Mikor és hol született?
● 1977-ben Sopronban.
❑ Mik a szülei?
● Apám ügyvéd, anyám pedig óvónő.
❑ Hol végezte az iskoláit?
....
❑ Mikor érettségizett?
....
❑ Hol tanult tovább?
....
❑ Milyen szakon tanult?
....
❑ Mi akart lenni?
....
❑ Mikor fejezte be az egyetemet?
....
❑ Miért?
....
❑ Milyen sikerei voltak a színészi pályán?
....
❑ Filmen vagy színházban szeret jobban játszani?
....

Kiss Jánosné (Szép Anna)
1960. jún. 25., Feldebrő
szülei: parasztok
ált. isk.: Feldebrő
gimnázium: Eger
1977–80 – külkereskedelmi
　　　　főiskola, Budapest
1980–89 – KOMPLEX
　　　　Külkereskedelmi
　　　　Vállalat (levelező)
1989 óta – külügyminisztérium
　　　　(tolmács-fordító)
1980 – férjhez megy
férje: Kiss János, közgazdász
1 gyerek – futballista

Paul Braun
1964. ápr. 13., Köln
apja: mérnök
anyja: gyógyszerész (nyugdíjas)
ált. isk. }
középisk. } Köln
érettségi – 1982
1982–88 – egyetem (Hamburg),
　　　　német irodalom
1988 óta – fordít, újságíró
　　　　Geld und Glück stb.
1987 – megnősül
felesége: tanár
2 gyerek: Éva (10)
　　　　Róbert (8)
1989 – Berlinbe költöznek

X. Y.
19............
apja: ....
anyja: ....
ált. isk.: ....
középisk.: ....
érettségi – 19 ....
....
....
....
....
....
....
....

2.

- Mennyibe kerül ez az óra?
- 5300 forintba.
- Olcsóbb nincs?
- De van. Ez például 700 forinttal olcsóbb, csak 4600 forintba kerül.
- És melyik a legolcsóbb?
- Ez itt. Csak 1500 forint. És az árához képest nem is rossz.

3.

érdekes/magas

nagy/csúnya

kellemes/sós

- Voltál a tengernél?
- Igen, voltam.
- És hogy tetszett?
- Nagyon kellemes. És nem is olyan sós, mint gondoltam.
  (⟵⟶ De még sósabb, mint gondoltam.)

szép/hosszú

jó/erős (barackpálinka)

4.

KOSZTOLÁNYI DEZSŐ

Magyar költő, író, műfordító. 1885-ben született Szabadkán. 1903-tól néhány évet hallgatott a budapesti bölcsészkaron és Bécsben. Újságíró lett, számos fontos irodalmi lapnak dolgozott. Versei 1907-től jelentek meg. Nagy regényeit az 1920-as években írta. 1936-ban halt meg Budapesten. Az utolsó harminc évben néhány regényéből film is készült.

SZENT-GYÖRGYI ALBERT

Magyar tudós, Nobel-díjas
1893.
Budapesti orvostudományi egyetem
1930–45 – szegedi orvostudományi egyetem, professzor; előállítja a C-vitamint
1937 – Nobel-díj
1949-től – Amerika
1989.

LATINOVITS ZOLTÁN

Magyar színész
1932 – Budapest
Budapesti Műszaki Egyetem, Építészmérnöki Kar
1954-től játszik: Debrecen, Miskolc
1962-től – Budapest:
Vígszínház, majd más színházak, számos film
1976 – Balatonszemes

NYELVTAN

olyan, mint
(amilyen)

Anna ruhája $\boxed{\text{olyan}}$, $\boxed{\text{mint}}$ Éváé.

Anna $\boxed{\text{olyan ruhában}}$ van, $\boxed{\text{mint Éva}}$.

Mennyivel __ __ __bb?

$\boxed{\text{Mennyivel}}$ drágább a szőlő $\boxed{\text{az almánál}}$?

$\boxed{\text{20 forinttal}}$.

A szőlő $\boxed{\text{20 forinttal}}$ drágább az almánál.

Mióta? 1. $\boxed{\text{__ __ __ óta}}$ ---⊢⟶---- Kati $\boxed{\text{1995 óta}}$ Szegeden él.
             1995

  2. $\boxed{\text{__ __ __ a/e}}$ --- 3 év ---- Kati $\boxed{\text{3 éve}}$ Szegeden él.

  $\boxed{\text{__ __ __ óta}}$ Kati $\boxed{\text{3 év óta}}$ Szegeden él.

≈ évek **óta**

≈ két het**e** = két hét **óta**
  stb.

SZAVAK

IGÉK
abbahagy
beiratkozik
boldogít
előállít
érettségizik
költözik
megbukik
megjelenik
tovább tanul
válaszol

FŐNEVEK
állatorvos
ár
díj
diploma
filmfesztivál
fordító
gimnázium
gyógyszerész
igazság
katona
kérdés
külkereskedő
levelező
műfordító
óvónő
öltöző
önéletrajz
paraszt
professzor
regény
siker
szerep
tanító/-nő
tudós

MELLÉKNEVEK
egyszerű
természetes

EGYÉB SZAVAK
egészen
(vmihez) képest
megint
mindenekelőtt
mióta?
óta
számos
többször
véletlenül

KIFEJEZÉSEK
még jobban
saját maga
Az igazat megvallva, ...
színészi pálya
sikere van vminek
egy film megbukik
A pénz nem boldogít.
Az az igazság, hogy ...
női főszerep
külkereskedelmi főiskola
Hogy tetszik/tetszett?
az 1920-as évek
Nobel-díj
Nobel-díjas
Külkereskedelmi Minisztérium

D **1. Alkosson három-három hasonlító mondatot a képpárok alapján!**

A televízió 39 ezer forinttal drágább, mint a rádió.
A rádió __ __ __ __ __ olcsóbb a televíziónál.
A rádió nem olyan drága, mint a televízió.

__ __ __ __ __ __ __
__ __ __ __ __ __ __
__ __ __ __ __ __ __

__ __ __ __ __ __ __
__ __ __ __ __ __ __
__ __ __ __ __ __ __

2. Egészítse ki a szöveget a hiányzó adatokkal az ábrának megfelelően!

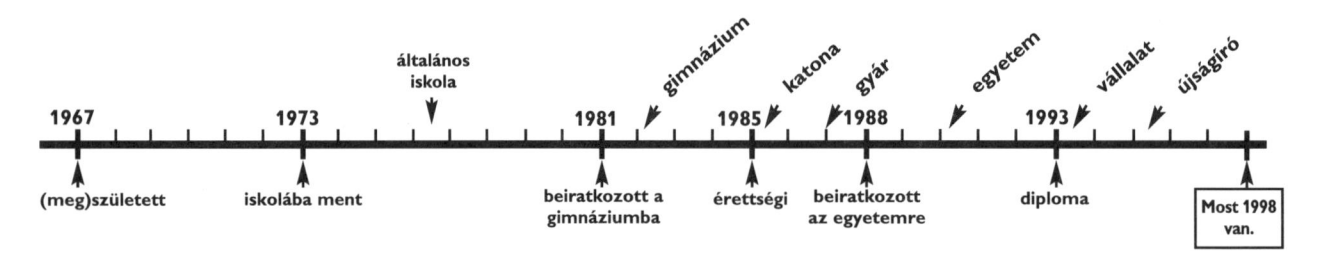

```
                       általános              gimnázium  katona  gyár        egyetem  vállalat  újságíró
                       iskola
1967          1973                1981            1985 ↓  ↓1988              1993 ↓     ↓         ↓
 ↑             ↑                    ↑              ↑        ↑                  ↑               [Most 1998
(meg)született iskolába ment    beiratkozott a  érettségi beiratkozott     diploma              van.]
                                gimnáziumba              az egyetemre
```

Kovács Péter __ __ __ __ __ __ ezelőtt született, most 30 éves. __ __ __ ment általános iskolába, és __ __ __ kezdte el a gimnáziumot. Az általános iskolában és a gimnáziumban összesen __ __ __ __ __ __ tanult. __ __ __ __ __ __ ezelőtt érettségizett. Az érettségi után __ __ __ __ __ __ katona volt, majd __ __ __ __ __ __ egy gyárban dolgozott. Csak __ __ __ iratkozott be az egyetemre. __ __ __ __ __ __ ezelőtt kapta meg a diplomáját. Először __ __ __ __ __ __ egy külkereskedelmi vállalatnál dolgozott, majd átment egy újsághoz. __ __ __ __ __ __ újságíró.

3. Egészítse ki a mondatokat a hiányzó névutókkal és/vagy ragokkal az ábráknak megfelelően!

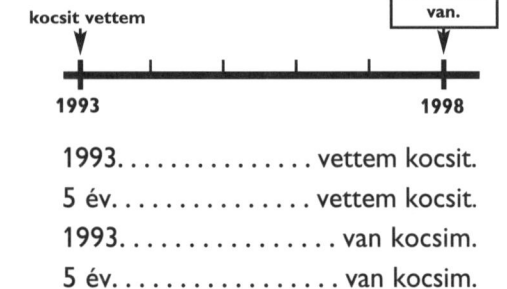

```
kocsit vettem          [Most 1998        ide érkeztünk              [Most március
    ↓                    van.]               ↓                        van.]
    |                     ↓                  |                         ↓
────●─┼─┼─┼─┼───────────●────           ────●─┼─┼─┼─┼─┼─┼────────────●────
  1993                 1998              szeptember                 március
```

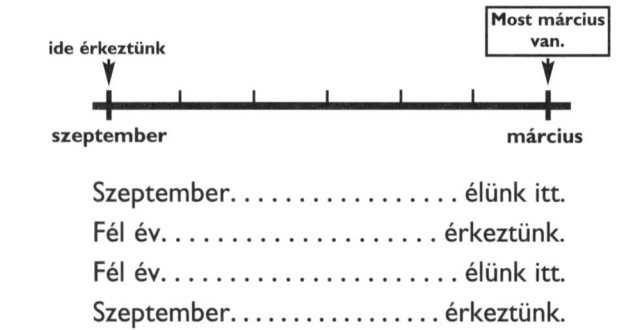

1993............... vettem kocsit.   Szeptember................ élünk itt.
5 év............... vettem kocsit.   Fél év.................... érkeztünk.
1993............... van kocsim.   Fél év.................... élünk itt.
5 év............... van kocsim.   Szeptember................ érkeztünk.

28

4. Egészítse ki a szöveget a hiányzó végződésekkel és szavakkal, majd beszéljen/írjon saját magáról hasonló formában!

ÖNÉLETRAJZ

a) Nevem Török András. 1963. március 8-án szület... Mátraházán. Az apa... állatorvos volt, az anya... pedig tanítónő. A szüleim ma is ott él..., de már nyugdíjas.... A falumban végez... el az általános iskola..., és utána Miskolcon jár... középiskola.... 1982-... érettségiztem. Érettségi __ __ __ két évig Miskolcon dolgoztam egy újság.... Újságíró akartam __ __ __. 1985-ben egy év...katona voltam. 1986-ban beiratkoz... a budapesti tudományegyetem jogi kara.... Az egyetem...1991-ben fejez... be. Egy ideig egy bank... dolgoztam, azután pedig 1992-... 1995-... egy külkereskedelmi vállalatnál. Ez... az időben sokat utaztam. 1996 __ __ __ a minisztériumban dolgozom, most osztályvezető vagyok. 1988-... megnősültem. A feleség... a budapesti bölcsészkar... kap... diplomát 1991-ben. Azóta egy budai középiskola tanár.... Két fiú... van, az egyik nyolc év..., a másik hat.

b) Nevem ....

JEGYZETEK

A

4. LECKE

Fáradjon a pénztárhoz!

❑ Bocsánat, uram! Hol van a közelben egy posta?
● Posta? A legközelebbi a Híd utcában van.
❑ Messze van innen?
● Nincs túl messze. Gyalog körülbelül öt-tíz perc.
❑ És hogy jutok el oda?
● Menjen egyenesen ezen az utcán a második sarokig! Ott forduljon jobbra, és menjen el a következő zebráig!
❑ Menjek át az úton?
● Igen. Menjen át a másik oldalra, és ott meglátja a postát mindjárt jobbra, az áruház mellett.

❑ Táviratot szeretnék feladni.
■ Hármas és négyes ablak.
❑ Köszönöm.
....
❑ Egy táviratlapot kérek.
○ Tessék. Elég lesz egy?
❑ Igaz. Adjon, kérem, még egyet! Hátha elrontom az elsőt.
....
❑ Ajánlottan szeretném feladni ezt a levelet.
▼ Tessék ezt kitölteni!

Edit hétfő óta van Debrecenben. Eredetileg csak három napot akart itt tölteni, de nem tudta befejezni a munkáját, ezért még két napig itt marad. Általában egész nap dolgozik, de ma délután sétált egy kicsit a városban, és elintézett néhány dolgot: feladott egy levelet a barátnőjének, küldött egy táviratot a szüleinek, és végül vett néhány apróságot az áruházban.

❑ Dollárt szeretnék beváltani.
● Mennyit kíván beváltani?
❑ Száz dollárt. Mennyi az árfolyam?
● Ott van a táblán. Most 218 forint 50 fillér.

❑ A következőt kérem!
● Pénzt várok otthonról, Amerikából. Nem érkezett még meg?
❑ A nevét, legyen szíves!
● Adam Robson.
❑ Egy pillanat, rögtön megnézem ... Igen. Alan Robson. Igen, itt van a pénze, Robson úr, Londonból.
● Londonból? Az lehetetlen. Én Bostonból várok pénzt.
❑ Pedig itt van. Alan Robson ...
● Alan? Én Adam Robson vagyok.
❑ Elnézést kérek ... Adam Robson ... Igen, itt van a pénze. Legyen szíves valamilyen igazolványt mutatni, Robson úr!
● A lakhatási engedélyem jó lesz?
❑ Természetesen ... Köszönöm. Fáradjon a hármas pénztárhoz.

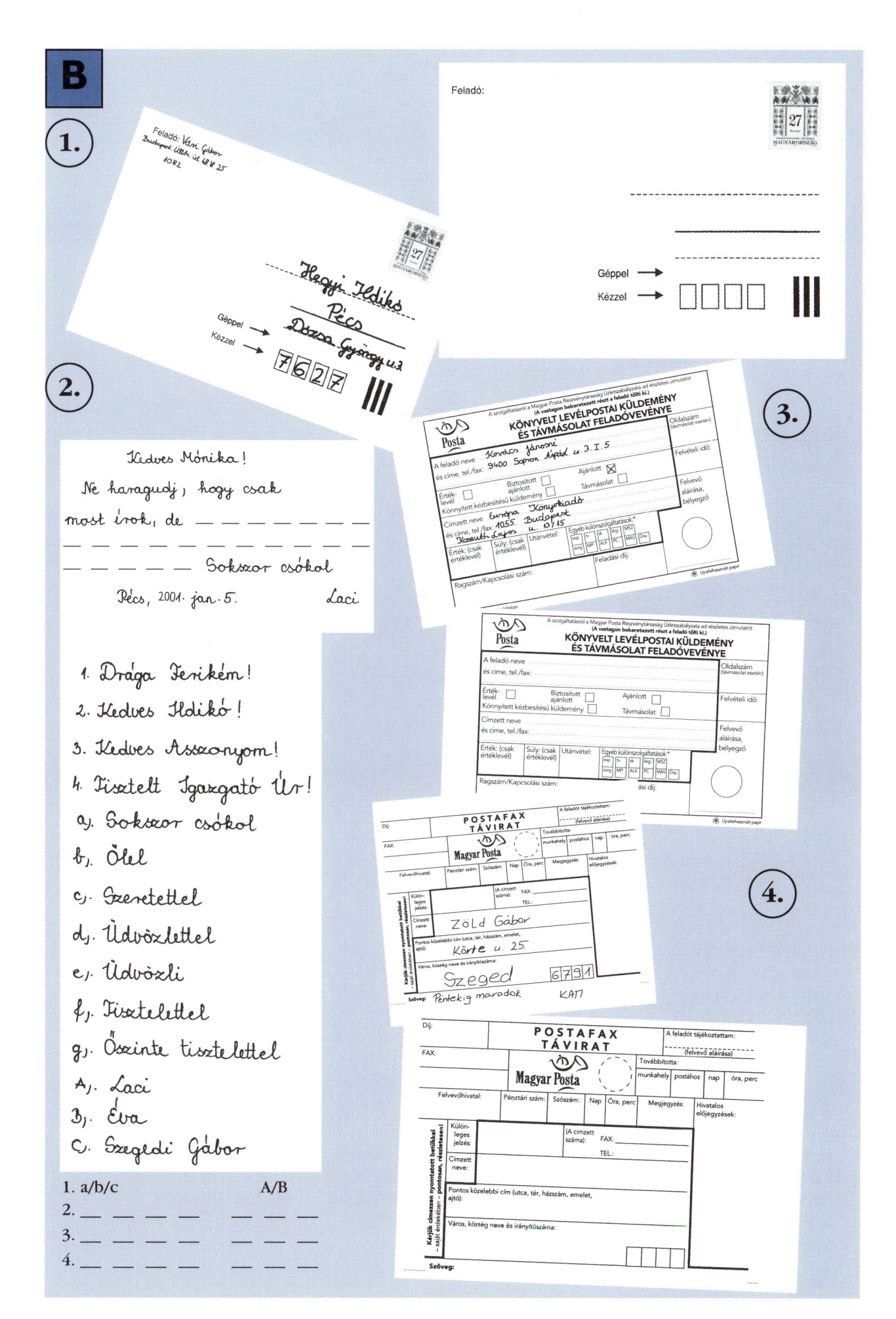

B

1.

Feladó: Kerti Gábor
Budapest, Üllői út 48 II. 25.
1082

Hegyi Ildikó
Pécs
Dózsa György u. 3.
7 6 2 7

Géppel →
Kézzel →

2.

Kedves Mónika!
Ne haragudj, hogy csak most írok, de _ _ _ _ _ _
_ _ _ _ _ _ _ _ Sokszor csókol
Pécs, 2001. jan. 5.   Laci

1. Drága Ferikém!
2. Kedves Ildikó!
3. Kedves Asszonyom!
4. Tisztelt Igazgató Úr!

a) Sokszor csókol
b) Ölel
c) Szeretettel
d) Üdvözlettel
e) Üdvözli
f) Tisztelettel
g) Őszinte tisztelettel

A) Laci
B) Éva
C) Szegedi Gábor

1. a/b/c   A/B
2. _ _ _ _ _ _ _
3. _ _ _ _ _ _ _
4. _ _ _ _ _ _ _

3.

KÖNYVELT LEVÉLPOSTAI KÜLDEMÉNY ÉS TÁVMÁSOLAT FELADÓVEVÉNYE

A feladó neve: Kovács Jánosné
és címe: 9400 Sopron Árpád u. 3. I. 5.
Ajánlott ☒
Címzett neve: Európa Könyvkiadó
és címe: 1055. Budapest Kossuth Lajos u. 13/15

4.

POSTAFAX TÁVIRAT
Címzett neve: Zöld Gábor
Pontos közelebbi cím: Körte u. 25.
Város: Szeged 6791
Szöveg: Péntekig maradok   KATI

5.

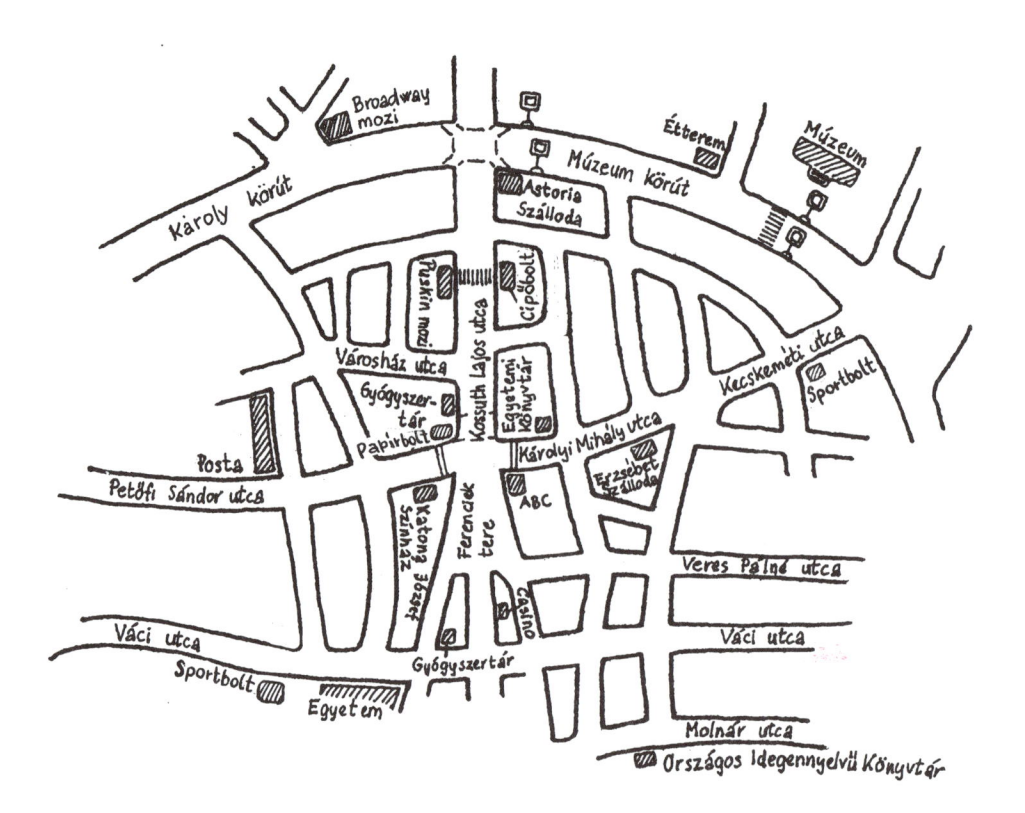

a)
❑ Legyen szíves megmondani, hogy jutok el a Broadway mozihoz?

● Szálljon fel a buszra, és menjen egy megállót! A Rákóczi útnál szálljon le, és az aluljárón menjen át a másik oldalra! Menjen tovább a Károly körúton! A Broadway mozi ott van a következő sarkon.

b)
■ Legyen szíves megmondani, hol van a közelben egy könyvtár?

▲ Kettő is van. Az egyik a Károlyi Mihály utcában, a másik a Molnár utcában.

■ Melyik van közelebb?

▲ Az első. Itt menjen végig a Kossuth Lajos utcán, a Ferenciek terénél forduljon balra, és a könyvtár ott van a saroktól kb. ötven méterre.

c)
○ Elnézést kérek! Hol kaphatok itt a közelben füzetet?

▲ Van egy papírbolt a Ferenciek terénél.

○ Messze van?

▲ Nincs. Menjen el a Kossuth Lajos utcán a Ferenciek teréig! Menjen át az aluljárón a másik oldalra, és a papírbolt ott van a Petőfi Sándor utca sarkán.

egyetem ⟶ színház
posta ⟶ Casino
gyógyszertár ⟶ posta
(Kossuth L. u.)
Puskin mozi ⟶ Nemzeti Múzeum

posta ⟶ gyógyszertár
egyetem ⟶ mozi
Egyetemi Könyvtár ⟶ szálloda
Puskin mozi ⟶ sportbolt

színház (gyógyszer)
Puskin mozi (bélyeg)
egyetem (labda)
Erzsébet Szálló (kenyér)

NYELVTAN

-j!

Várj! **Üljön** le! Ne **állj** fel!

Menjek át az úton?
(Átmenjek)

Igen, menjen át!

Nem, ne menjen át!

1		-ak
2		(-ál)
3	tanul**j**	-on
1 1		-unk
2 2		-atok
3 3		-anak

	-ek
	(-él)
beszél**j**	-en
	-ünk
	-etek
	-enek

	-ek
	(-él)
ül**j**	-ön
	-ünk
	-etek
	-enek

	-ak	-ek
	(-ál)	(-él)
-**j**	-on	-en -ön
	-unk	-ünk
	-atok	-etek
	-anak	-enek

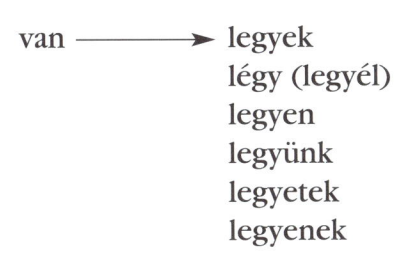

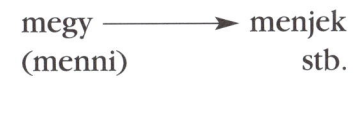

van ⟶ legyek megy ⟶ menjek feküdni ⟶ feküdj
  légy (legyél) (menni) stb. aludni ⟶ aludj
  legyen   mosakodni ⟶ mosakodj
  legyünk   fésülködni ⟶ fésülködj
  legyetek   stb.
  legyenek

33

SZAVAK

IGÉK
bevált
csókol
elintéz
fordul
haragszik
kiabál
meglát
ölel
sikerül
számol
végigmegy

FŐNEVEK
aluljáró
anyag
apróság
árfolyam
dollár
engedély
sajtótájékoztató
távirat
táviratlap
zebra

MELLÉKNEVEK
ajánlott
igazi
lehetetlen
őszinte
tisztelt

EGYÉB SZAVAK
eredetileg
hátha
otthonról

KIFEJEZÉSEK
jobbra/balra fordul
még egy
ajánlottan ad fel egy levelet
elintéz egy dolgot
A következőt kérem.
lakhatási engedély
Fáradjon a pénztárhoz!
Sokszor csókol:
Őszinte tisztelettel:
... méterre vmitől

1. Írja be a megfelelő ragokat!

én: beszél*jek*; tanul...; ül...; küld...; kér...; vár...; jár...; ír...; ad...; örül...

te: jár*j(ál)*; ad...; készül...; sétál...; beszél...; marad...; csinál...; figyel...; él...

ön: szalad...; küld...; kér...; fordul...; lép...; örül...; áll...; füröd...; ad...

mi: indul...; marad...; énekel...; bérel...; vár...; küld...; figyel...; táncol...

ti: kísér...; örül...; csinál...; foglal...; ébred...; fésülköd...; mosakod...; él...

önök: tárgyal...; ismer...; készül...; telefonál...; foglal...; ül...; ebédel...

2. Alkosson rövid felszólító mondatokat a példa alapján!

leül (🚶) . *Üljön le!* ......; helyet foglal (🚶🚶) ......; feláll (🚶) ....;

bemegy (🚶🚶) ....; megfésülködik (🚶) ......; felszáll (🚶) ....;

belép (🚶🚶) ....; asztalt foglal (🚶🚶) ......; felébred (🚶) ....;

rendet csinál (🚶) ....; nem haragszik (🚶) ......; ágyban marad (🚶) ....;

nem kel fel (🚶) ....; hazamegy (🚶🚶) ....; korán indul (🚶🚶) ....;

levelet ír (🚶🚶) ....; nem alszik el (🚶) ......; megfürdik (🚶) ....;

táviratot küld (🚶) ......; kocsit bérel (🚶🚶) ......; jobbra fordul (🚶🚶) ....

3. Válaszoljon a kérdésekre rövid utasításokkal a képek és a megadott igék segítségével!

Reggel van. Mit csináljak?

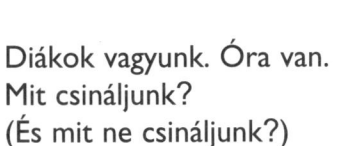

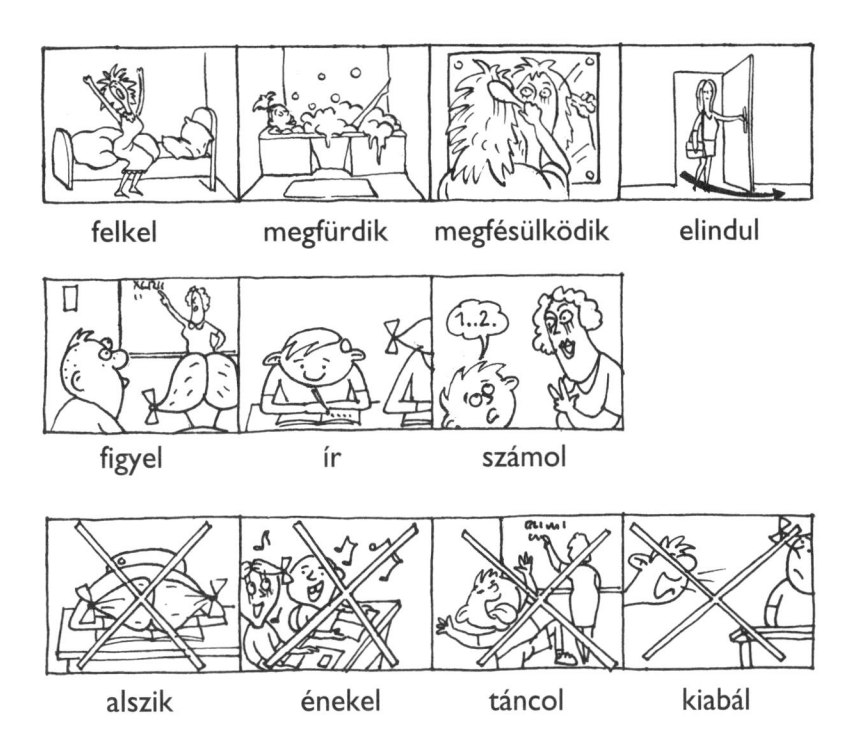

felkel   megfürdik   megfésülködik   elindul

Diákok vagyunk. Óra van. Mit csináljunk?
(És mit ne csináljunk?)

figyel   ír   számol

alszik   énekel   táncol   kiabál

35

4. Egészítse ki a szöveget a megfelelő szavakkal és végződésekkel!

Drága Zsuzsikám!
Ne haragud..., hogy csak most ír..., de az utolsó napokban szinte semmi idő... sem volt. Szerda délelőtt egy német–magyar vegyes vállalatnál volt..., és délután a parlament... mentem egy sajtótájékoztatóra. Este pedig az Opera... voltam. Egy új magyar opera... láttam. Igazi modern darab. Az előadás érdekes __ __ __ , de nekem nem __ __ __ (tetszik). Csütörtök... azután egész nap egy könyvtárban ül..., egy új cikkhez kerestem anyag.... Este nyolc... mentem haza, és olyan fáradt voltam, hogy azonnal ...feküdtem. Pénteken a kiadóban dolgoztam. Délután végre sikerül... felhívni Kis Ibolyát. Tudod, ő az a fiatal színésznő, aki „A pénz nem boldogít, de..." című filmben játszott. Emlékszem, hogy ez a film __ __ __ is nagyon tetszett. Kis Ibolya most Pécsen játszik. Szombat reggel indul..., és csak késő este érkeztem __ __ __ Budapestre. Ma vasárnap __ __ __ , és végre ráér... egy kicsit, és megírhat... ezt a levelet. És ti hogy vagy...? Remélem, minden rend... van otthon. Szorgalmas... tanulnak a gyerekek? Nagyon sokat gondol... rátok. Szerencsére már csak két hetem van Magyarország..., és azután indulhat... haza. Már nagyon vár... ezt a pillanatot.
Addig is minden barátunkat üdvözöl..., és titeket sokszor csókol...

Paul

JEGYZETEK

5. LECKE

A

Legfeljebb százzal mentem

❑ Jó napot kívánok! A jogosítványát és a forgalmi engedélyét legyen szíves!
● Tessék, kérem. De miért? Talán valami hibát követtem el?
❑ Igen, kérem, és nem is egyet. Először is legalább 150-nel vezetett ...

● Lehetetlen. Legfeljebb százzal mentem, és ez a megengedett sebesség az autóutakon. Vagy nem?
❑ De igen. Csakhogy nem 100 mérföld, hanem 100 kilométer óránként. És ez nagy különbség. Azután szabálytalanul előzött a kanyarban. Átlépte a záróvonalat. És egyáltalán nem jelezte, hogy előzni akar.
● Igen, de ...
❑ Végül nem tartotta be a követési távolságot.
● E...ö... Tudja, nagyon sietünk. Háromkor otthon akarunk lenni. Várnak minket.
❑ Ha így folytatja, nem haza érkeznek, hanem jó esetben a kórházba, rosszabb esetben a temetőbe jutnak ...

„Az Útinform jelenti: A délutáni csúcsforgalom még nem kezdődött meg. Az M1-esen és az M7-esen egyenletesen haladnak a járművek a főváros felé. A 11-es úton Budapest határában útépítés akadályozza a forgalmat. Bár az eső már elállt, az úttest még csúszós. Ezért mindenki vigyázzon ezen a szakaszon, és ha tudja, kerülje el!"

△ Hallottad a rádiót? Erről az útról beszéltek. Menjünk lassabban!
● Ne izgulj! Tudok vezetni. És látod, hogy alig van forgalom.
△ Igen, de a rendőr is megmondta ... Vigyázz!
● A mindenit! Jaaaaj!

■ Mi történt? Baleset?
○ Igen. Két autó összeütközött. Szaladjon gyorsan! Ott a telefon. Hívja a mentőket és a rendőrséget! Én addig megpróbálok segíteni.
■ Megsérült valaki?
○ Igen. Azt hiszem, több súlyos sérült van.

▲ Ki látta a balesetet?
○ Én mindent láttam.
▲ Mondja el, legyen szíves, mi történt!
○ Szentendre felé haladtunk az úton. A másik irányban ezen a szakaszon álltak az autók. Az a piros kocsi nagy sebességgel érkezett Szentendre felől. Amikor ideért, hirtelen fékezett, de a nedves úton nem tudott megállni, átjött az út másik oldalára, és összeütközött az autóval, amely mögöttünk jött. Nagyon gyorsan jött. Csoda, ha mindenki életben marad.

B

1.

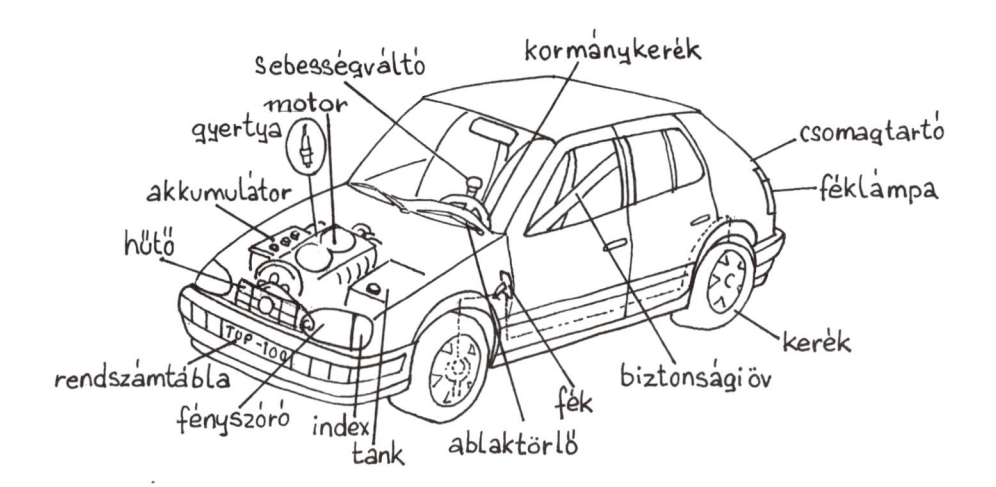

Car diagram labels: sebességváltó, kormánykerék, motor, gyertya, csomagtartó, akkumulátor, féklámpa, hűtő, kerék, rendszámtábla, biztonsági öv, fényszóró, fék, index, ablaktörlő, tank

a)
- ❑ Segíthetek valamiben?
- ● Igen, legyen szíves!
- ❑ Mi a baj?
- ● Nem tudom kicserélni a kereket.
- ❑ Egy pillanat. Mindjárt megnézem.
- ● Köszönöm.

kicseréli { az izzót / a gyertyát

elindítja a motort

bekapcsolja { a biztonsági övet / az ablaktörlőt

kinyitja a csomagtartót stb.

b)
- ▲ Mi a baj a kocsival?
- ○ Nem működik a jobb első index. De nézze meg, kérem, a motort is!
- ▲ Minden más rendben van?
- ○ Azt hiszem, igen. De azért ellenőrizze, legyen szíves, a féket!

2.

előz — megáll — befordul — megáll — megfordul — parkol

Ne előzzön! . . . .

- ○ Jó napot kívánok! A jogosítványát kérem!
- ■ Miért? Hiszen nem csináltam semmit!
- ○ Nem? Nekem más a véleményem. Túl gyorsan vezetett, nem jelezte, hogy be akar fordulni, és átment a piroson.

3.

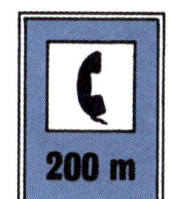

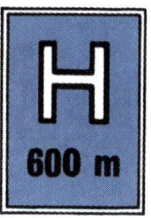

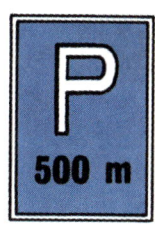

benzinkút	telefon	szerviz	kórház	kemping	parkoló
300 m	200 m	2 km	600 m	800 m	500 m

a)
- ❏ Elnézést kérek! Merre van a benzinkút?
- ● Menjen tovább a híd felé, és az első sarkon forduljon jobbra! Ott van a saroktól kb. ötven méterre.

b)
- ▲ Bocsánat! Messze van innen a legközelebbi benzinkút?
- ○ Nincs messze. Körülbelül háromszáz méterre van.
- ▲ Köszönöm.

4.

- ❏ Ismered ezt a filmet?
- ● Igen, már láttam.
- ❏ És milyen?
- ● Szerintem nagyon érdekes.
- ❏ Megnézzem?
- ● Igen, nézd meg!

vezet/megvásárol
olvas/elolvas
iszik belőle/megkóstol

5.

Puskin mozi

Az én XX. századom
(magyar film)

Előadások: de 10, 12

VÍGSZÍNHÁZ

Woody Allen:
Játszd újra, Sam!
(amerikai vígjáték)

Előadás: CS 7 óra

- ▲ Mit csináljunk ma este?
- ● Ma este? Nem is tudom ... Talán menjünk el színházba!
- ▲ Jó gondolat. És mit nézzünk meg?
- ● Van egy új magyar darab a Katona József Színházban. Biztosan érdekes.
- ▲ Rendben van. Nézzük meg azt!

Operaház

Vajda János:
Mario és a varázsló
(opera)

Előadások: K, V 7⁰⁰

Magyar Nemzeti Galéria

A legújabb magyar festészet

Nyitva: 10–18
Hétfőn zárva

6.

- ❏ Szerinted mennyibe kerülhet az a televízió?
- ▼ Biztosan nagyon drága. Legalább 80 ezer forint.
- ❏ Lehetetlen. Szerintem legfeljebb 60 ezerbe kerül.
- ▼ Majd meglátjuk. Kérdezzük meg azt az eladót!

NYELVTAN

Hívja a mentőket!

Add fel a levelet!
(Ad**jad**)

1	vár**jam**	kér**jem**
2	vár(**ja**)**d**	kér(**je**)**d**
3	vár**ja**	kér**je**
1 1	vár**juk**	kér**jük**
2 2	vár**játok**	kér**jétek**
3 3	vár**ják**	kér**jék**
	vár**jalak**	kér**jelek**

-j	-am	-em
	-ad	-ed
	-a	-e
	-uk	-ük
	-átok	-étek
	-ák	-ék
	-alak	-elek

! -s, -sz, -z, -dz } + -j { -ss, -ssz, -zz, -ddz

olvas**s**ak   olvas**s**am
olvas**s**(ál) olvas(**sa**)d
stb.
≈ néz**z**enek néz**z**ék
  játs**sz**atok játs**sz**átok
  ed**dz**ünk ed**dz**ük

Merre? ___ ___ ___ felé arra
Merről? ___ ___ ___ felől arról

Az autó **arra** megy.
Az autó a város **felé** megy.
A teherautó **arról** jön.
A teherautó a város **felől** jön.

SZAVAK

IGÉK
akadályoz
betart
eláll
elindít
elkerül
elkövet
ellenőriz
elmond
fékez
fogyaszt
folytat
ideér
izgul
jelent
jelez
jut
kicserél
megkezdődik
megmér
megmond
megpróbál
megsérül
nő
okoz
összeütközik

FŐNEVEK
autópálya
autóút
baleset
csoda
csúcsforgalom
eset
gépkocsi
határ
hiba
irány
jármű
járművezető
jogosítvány
kanyar
különbség
mérföld
méter
minőség
sáv
sebesség
sérült
szakasz
személyautó
távolság
temető
terület
turista
útépítés
úttest
vezetés
záróvonal

MELLÉKNEVEK
csúszós
egyenletes
megengedett
megfelelő
nedves
súlyos
szabálytalan

EGYÉB SZAVAK
bár
csakhogy
évente
kevés
legfeljebb
nemcsak
óránként
ugyanaz

KIFEJEZÉSEK
forgalmi engedély
hibát követ el
először is
Vagy nem?
betartja a követési távolságot
betartja a szabályokat
jó/rosszabb esetben
eláll az eső
A mindenit!
Milyen irányban?
Csoda, ha ...
életben marad
biztonsági öv
a tilosban parkol
egyre __ __ __bb
átmegy a piroson
évről évre
nemcsak ..., hanem ... is
kilométer per óra (km/óra)
balesetet okoz
közlekedési baleset
sávot vált

D

1. Írja be a megfelelő végződéseket!

én: figyeljem; főzöm; kér...; mos...; használ...; zavar...; tervez...; hagy...; ad...
te: végezed; tárgyal...; sajnál...; rendez...; olvas...; küld...; kérdez...; ír...
ön: válaszolja; vár...; rendez...; figyel...; kér...; használ...; mos...; játsz...
mi: próbáljuk; keres...; hagy...; tanul...; ad...; fényképez...; figyel...; főz...
ti: hívjátok; használ...; keres...; néz...; ajánl...; próbál...; kér...; ölel...; vár...
önök: hozzák; kísér...; gondol...; kezd...; kezel...; mos...; néz...; küld...; főz...

2. Egészítse ki a felszólító mondatokat a megfelelő végződésekkel!

Ad... fel a levelet! (2) Ne parkol... a tilosban! (3) Napoz... az erkélyen! (2 2) Hív... fel a pályaudvart! (1 1) Száll... át a hatosra! (3 3) Elkísér... titeket? (1) Hánykor keres...? (1, téged) Fésülköd... meg! (2) Ne fordul... jobbra! (2) Válaszol... a kérdésemre! (3) Csókol... meg a barátnődet! Ne hagy... abba a munkát! (3 3) Mit vásárol... nektek? (1) Ad... ide azt a könyvet! (2) Téged is meghív...? (1) Bérel... egy kocsit? (1 1) Ne játsz... a kutyával! (2 2) Ne dolgoz... annyit! (2) Búcsúz... el a családodtól! Ebédel... ma velem! (2) Ajánl... egy jó ételt! (3) Ismer... meg az országot! (3 3) Hazakísér...? (1, téged) Keres... meg ezt a boltot! (1 1) Kóstol... meg a boromat! (3 3) Néz... körül a lakásban! (2 2) Kártyáz... egy kicsit? (1 1)

3. Alkosson mondatokat a képek alapján!

A híd felé megyünk.

4. Alkosson a példához hasonló feltételes mondatokat a képek alapján!

a) Ha beteg vagy, maradj ágyban, mérd meg a lázadat, és telefonálj az orvosnak!

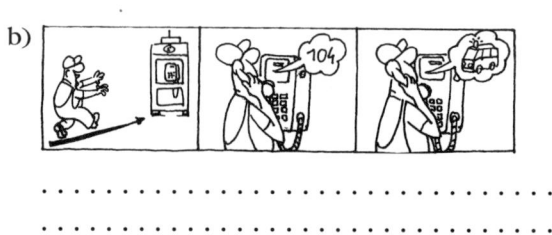

b) ....

c) ....
   ....

5. Egészítse ki a szöveget a hiányzó szavakkal és végződésekkel, majd írja le (és/vagy mondja el) hasonló módon, milyen a közlekedési helyzet saját hazájában!

Magyarország útjai... évről évre több autó jár. Mi magyarok kb. 2 millió személyautó... használunk, és egyre több külföldi turista érkez... hozzánk gépkocsin. Természetesen nemcsak a személyautók szám... nőtt, hanem a teherautóké és más járművek... is.

Sajnos, az utak minősége nem mindenhol megfelelő; kevés az autópálya és a modern autóút. A legtöbb út... csak egy-egy sávon haladhat... a járművek.

Az ország... a közlekedési szabályok általában ugyanazok, __ __ __ máshol. Az autópályákon a ...nagyobb sebesség óránként 120 kilométer, az autóutakon 100, más utakon pedig 70 kilométer. Lakott területen legfeljebb 50 kilométer per óra (km/óra) sebesség... szabad haladni.

Magyarországon évente kb. 1500 ember hal __ __ __ közlekedési balesetben. A balesetek száma évről év... nő. A legtöbb balesetet az... a járművezetők okozzák, aki... nem tart... be a közlekedési szabályokat: túl gyors... vezetnek; nem jelzik, hogy be akarnak fordul...; szabálytalan... előz... vagy váltanak sáv...

Sok baleset... okoznak azok, akik alkoholt fogyasztanak, __ __ __ a kormányhoz ülnek. Ezért Magyarország... vezetés előtt vagy __ __ __ egyáltalán nem szabad alkoholt fogyasztani.

Franciaország/Anglia/Japán stb. (gépkocsik, utak, szabályok, balesetek)

JEGYZETEK

A

6. LECKE

Vakbélgyulladásom van!

Kati kedden hajnalban ébredt fel. Éles fájdalmat érzett jobb oldalon a hasában, forgott vele a világ, és melege volt. Amikor megmérte a lázát, és látta, hogy több mint 39 fok, nagyon megijedt. Felébresztette a szobatársát, Zsuzsát, aki jó barátnője. Zsuzsa álmosan ült fel az ágyban.

❑ Zsuzsa, ébredj már fel! Nekem vakbélgyulladásom van!
● Hahaha! Rossz vicceid vannak.
❑ Ne nevess, ez nem vicc! Segíts, nagyon kérlek! Hívd gyorsan a mentőket!
● Szent ég! Tényleg látszik, hogy valami nagy bajod van. De honnan tudod, hogy ...
❑ Értsd meg, hogy biztos vagyok benne! A tünetek világosan mutatják, ez csak vakbélgyulladás lehet. Siess telefonálni! Én addig megpróbálom becsomagolni a szükséges holmikat.
● Máris rohanok, csak felveszek valamit.

Katinak sajnos igaza volt. A kórházban Szalai Zoltán sebész főorvos megvizsgálta, és megállapította, hogy vakbélgyulladása van, azonnal meg kell operálni. Kilenc órakor már a műtőben volt.

❑ Doktor úr, nagyon félek.
○ Ne féljen! A vakbélműtét igazán semmiség. Elaltatjuk, semmit sem érez majd.
❑ És nem marad csúnya a műtét helye?
○ Dehogy! Ma már a vakbélműtétnél is új módszerek vannak. Csak a bőrt vágjuk, szinte semmi nyoma sem marad ... Kezdhetjük? ... Számoljon lassan!
❑ Egy, kettő, három, négy ...

Másnap reggel a kettes kórterem négy betege – köztük Kati – a vizitet várta. Tíz óra körül nyílt az ajtó, és beléptek az orvosok Szalai főorvos vezetésével. Minden betegnél megálltak, a főorvos megnézte a kórlapot, és kikérdezte a beteget.

○ Na, hogy érzi magát?
❑ Köszönöm, elég jól. A sebem fáj még egy kicsit.
○ Látom, van egy kis hőemelkedése. Csak szedje a gyógyszereket, és pihenjen! Délután már felkelhet egy rövid időre.
❑ Doktor úr, mikor mehetek haza?
○ Ne legyen ilyen türelmetlen! Hiszen csak tegnap volt a műtét. Olyan rossz itt a kórházban?

Nővér: Kérem, fejezzék be a látogatást! Hét óra elmúlt.
Laci: Holnap is bejövök, Katikám. Remélem, beengednek. Mit hozzak neked?
Kati: Csak gyümölcslevet. És ne felejtsd el a könyvet, amit ígértél!
Laci: Jó. És vigyázz magadra!

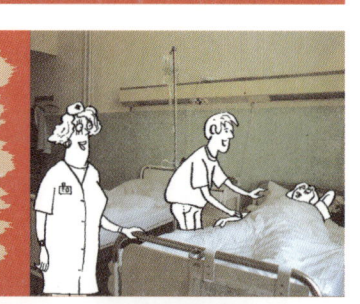

1.

B

Sebészeti felvételi lap

Neve: ..... Molnár Katalin ....

Anyja neve: ... Szabó Ilona ....

Életkora: .. 20 év ....

Kórházba érkezett: .1998. ápr. 23. ...

Milyen betegségei voltak? gyermekbetegségek ..
.... tüdőgyulladás ..
....

Dohányzik? nem ....

A családban volt cukorbaj? ... nem .....

tüdőbaj? ..... nem .....

szívbetegség? .. igen ....

Milyen műtétei voltak? ... — ......
.... — ....

Sebészeti felvételi lap

Neve: ....

Anyja neve: ....

Életkora: ....

Kórházba érkezett: ....

Milyen betegségei voltak? ....
....
....

Dohányzik? ....

A családban volt cukorbaj? ....

tüdőbaj? ....

szívbetegség? ....

Milyen műtétei voltak? ....
....

2.

cukorbaja van:
  kevés kenyér
  sok zöldség, gyümölcs
  ~~édesség, cukor~~
  sokat mozog

gyomorfekélye van:
  sokszor, de keveset eszik
  tej
  keksz
  nem dohányzik
  ~~alkohol~~
  ~~kávé~~

tüdőgyulladása van:
  fekszik
  könnyű étel
  limonádé
  tea

❏ Mi bajom, doktor úr?
● Túl magas a vérnyomása.
❏ És most mit csináljak?
● Írok fel gyógyszert, de az nem elég. Ne dohányozzon, és tartson diétát! Ne egyen nehéz ételeket, húst csak keveset! Alkoholt se igyon!
❏ Akkor mit ehetek?
● Zöldséget, gyümölcsöt.

túl alacsony a vérnyomása:
  kávé
  tea
  sok séta
  konyak
  (vagy más ital, amit szeret)

3.

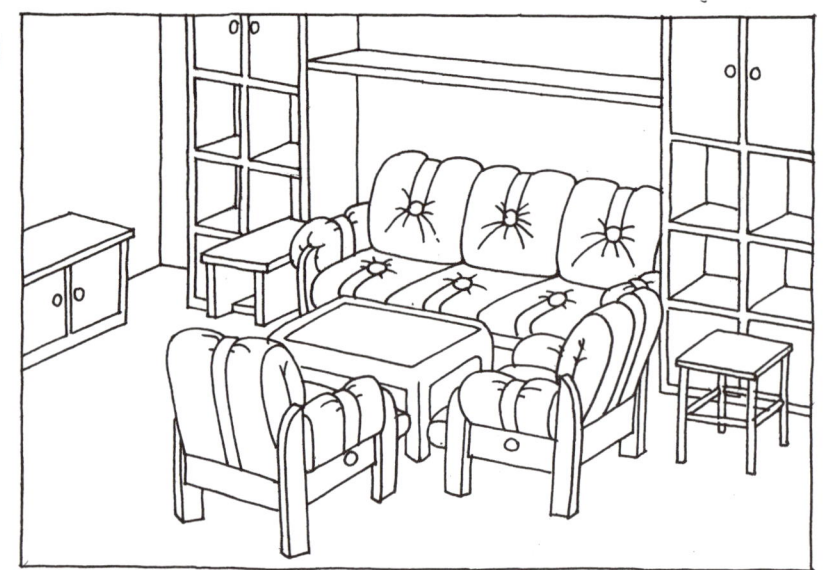

A Pintér család új lakásba költözött. A bútorokat már bevitték, de még sok mindent kell elhelyezni a szobában.

❏ Hova tegyük a televíziót?
● Tegyük a kis szekrényre! Akkor a kanapéról és a fotelekből is nézhetjük.
❏ És hova tegyem a szobrot?
● Tedd a televízió mellé!
❏ Az nem jó. Túl nagy. Ne tegyem inkább a sarokba?
● Jó. Tedd a szobrot a sarokba, és a növényt a tévé mellé!

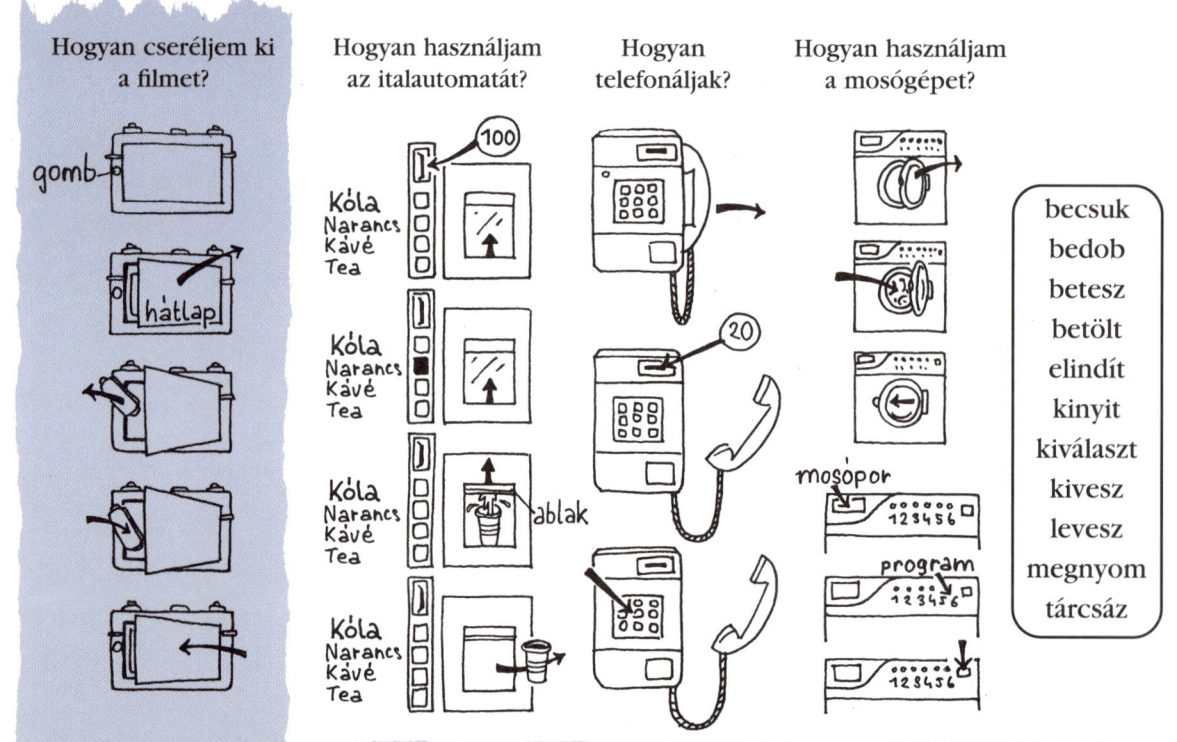

4.

Hogyan cseréljem ki a filmet?

Hogyan használjam az italautomatát?

Hogyan telefonáljak?

Hogyan használjam a mosógépet?

becsuk
bedob
betesz
betölt
elindít
kinyit
kiválaszt
kivesz
levesz
megnyom
tárcsáz

Nyomja meg a gombot! Nyissa ki a gép hátlapját! Vegye ki a régi filmet, és tegye be az újat! Csukja be a gép hátlapját!

NYELVTAN

Mutassa a jogosítványát!

(-a, -á, -e, -i, -o, -ö, -u, -ü)t + -j → (-**ss**)	fut → fu**ss** vezet → veze**ss** stb.	vezessek → vezessem vezess(él) → vezes(se)d

(-í, -ű)t (-j, -l, -n, -r)t } + -j → (-**ts**)	segít → segí**ts** ért → ér**ts** stb.	értsek értsem érts(él) ! érts(e)d stb.

-szt + -j → -**ssz** (-st + -j → -**ss**)	választ → vála**ssz** (fest → fe**ss**) stb.	válasszak válasszam válassz(ál) válasszad/válaszd stb.

! tesz → tegy...
vesz → vegy...
visz → vigy...
hisz → higgy...
eszik → egy...
iszik → igy...

tegyek   tegyem
tegyél/tégy tegyem/tedd
stb.

~~vígy, égy, így~~

Hova? __ __ __ mellé

≈ alá
fölé
elé
mögé
közé
köré

Az üveget **a telefon mellé** teszem.

SZAVAK

IGÉK
átöltözik
becsomagol
beenged
befejez
bejön
beköt
bevisz
elaltat
elfelejt
elhelyez
elhisz
elmúlik
fél
felébreszt
felejt
felír
forog
kikérdez
kioszt
kitakarít
lefordít
megállapít
megért
megijed
megoperál
megvizsgál
mozog
nevet
szed
vág
végigjár

FŐNEVEK
adat
betegség
bőr
diéta
életkor
fájdalom
főorvos
hajnal
hálóing
holmi
hőemelkedés
kórlap
kórterem
látogatás
lázmérő
módszer
mondat
műtét
műtő
nyom
seb
sebész
semmiség
szobatárs
tünet
vakbélgyulladás
vakbélműtét
vicc
vizit
vizsgálat

MELLÉKNEVEK
biztos
éles
mostani
szükséges
türelmetlen

EGYÉB SZAVAK
másnap
összes

KIFEJEZÉSEK
forog vkivel a világ
Nagyon kérlek.
Szent ég!
Honnan tudod?
vki biztos vmiben
Igazán semmiség.
semmi nyoma sem marad
vkinek a vezetésével
Vigyázz magadra!
felvételi lap
nehéz/könnyű étel
magas/alacsony vérnyomás
diétát tart
vhol felejt vmit
vért vesz
lázat mér
felvételi iroda
felveszi vkinek az adatait

1. Egészítse ki a mondatokat a hiányzó végződésekkel, illetve a megadott igék megfelelő alakjával! (felszólító mód, alanyi vagy tárgyas ragozás) [D]

én: Mit ___ ___ ___ (eszik)? Hova ___ ___ ___ (tesz) a ruháimat? Kinyit... az ajtót? Beköt... a kezedet? Segít... nektek? Készít... reggelit? Kilyukaszt... a jegyeket? Meglátogat... téged? Megtanít... titeket sakkozni?

te: Hallgat... meg minket! Ne ___ ___ ___ (iszik) bort! ___ ___ ___ (bevesz) a gyógyszert! Tanít... meg teniszezni! Süt... meg a húst! Ért... meg őt! Ébreszt... fel 7-kor! Segít... a testvérednek! Fut... gyorsan!

ön: ___ ___ ___ (bevesz) a gyógyszert! ___ ___ ___ (elvisz) a kutyáját! Nyit... ki az ablakot! Köt... be a sebet! Ne felejt... el a címet! Takarít... ki a kórtermet! Választ... egy képet! Ért... meg minket!

mi: ___ ___ ___ (megvesz) ezt a lemezt? ___ ___ ___ (elhisz) ezt? Látogat... meg a barátunkat! Beszélget...! Hallgat... zenét? Segít... nekik! Siet...! Ébreszt... fel Lacit!

ti: ___ ___ ___ (vesz) süteményt! ___ ___ ___ (megiszik) a sört! Köt... meg a kutyát! Mutat... meg a lakást! Ne gyújt... rá! Választ...! Ne felejt... otthon az útlevelet! Mosogat...!

önök: ___ ___ ___ (elhisz) ezt! Ne ___ ___ ___ (iszik) sokat! ___ ___ ___ (vesz) pogácsát! Fordít... le a mondatokat! Ne nevet...! Fizet... ki a számlát! Tart... szünetet! Választ... szobát!

2. Alakítsa át a mondatokat felszólító mondattá!

Felveszi a telefont. *Vegye fel a telefont!* ___ ___ ___ ___ ___
Vért vesz. Lázat mér. Beköti a sebet. Injekciót ad. Kiosztja a gyógyszereket. Segít a műtőben. Előkészíti a beteget a műtétre. Megnézi a kórlapot.

Lefekszenek. *Feküdjenek le!* ___ ___ ___ ___ ___ ___
Beveszi a gyógyszereket. Beteszik a ruhájukat a szekrénybe. Felveszi a hálóingét. Mutatja a sebét. Tartja a karját. Készülnek a vizitre. Nem kel fel. Befejezik a látogatást.

3. Alkosson mondatokat a képek alapján!

A lázmérőt a pohár mellé teszem.

4. Egészítse ki a szöveget a hiányzó szavakkal és végződésekkel, majd írjon (és/vagy beszéljen) hasonló módon a kórházakról saját hazájában!

Amikor a beteg kórházba megy, először a felvételi iroda... küldik. Ott felveszik az adat..., kikérdezik a régi betegségeiről, mostani tüneteiről. Utána megmondják __ __ __, hogy hányas kórterembe menjen. Ott átöltözik, a ruháját odaadja a nővér..., a holmiját betesz... az éjjeliszekrény.... Egy kórteremben általában négyen, hatan vagy még több... fekszenek. A nővér reggel korán felébreszti a betegek..., kiosztja a lázmérőket és a gyógyszereket. A betegek háromszor kap... enni. Reggeli után vizit van, __ __ __ az osztály összes orvosa végigjárja a kórtermeket. Minden beteg... megállnak, a főorvos megnéz... a kórlapokat, kikérdezi a beteget. A szükséges vizsgálatokat a délelőtti órák... végzik. Ebéd után a betegek alszanak, pihennek. Általában egy hét... háromszor van látogatás, amikor a rokonok, ismerősök látogathat... a betegeket. Gyerekeket azonban nem enged... be.

Nálunk (Franciaországban, Angliában stb.) a kórházak ....

5. Keressen a megadott szempontok szerint szavakat, kifejezéseket!

kórház	betegség	gyógyszer	orvos/nővér csinálja
felvételi iroda	cukorbaj	lázcsillapító	műtétet végez / operál

JEGYZETEK

7. LECKE **A**

Kellemes ünnepeket!

 December elejétől kezdve az utcákon, üzletekben sokkal nagyobb a forgalom, mint máskor: mindenki vásárol. Otthon a háziasszonyok takarítanak, ablakot mosnak, sütnek, főznek. Mindenki a karácsonyra készül.

 Magyarországon a karácsony a legnagyobb és legkedvesebb ünnep. A naptárban két piros betűs napot találunk, december 25-ét és 26-át, de az igazi ünnep, a karácsonyeste vagy szenteste 24-én van. A karácsony a szeretet ünnepe, ezért az emberek ezen a napon ajándékot adnak családtagjaiknak, barátaiknak. Számos karácsonyi hagyomány és szokás van. A lakásokban fenyőfát állítanak, szépen feldíszítik, és az ajándékokat a fa alá teszik. A fán gyertyákat vagy színes kis lámpákat gyújtanak, és karácsonyi dalokat énekelnek. Természetesen minden házban finom ünnepi vacsorát esznek, és az emberek kellemes ünnepeket kívánnak egymásnak. A vallásos emberek éjfélkor templomba mennek. 25-én és 26-án sokan utaznak rokoni látogatásra.

 Közeledik a karácsony. Barta István és a felesége, Éva már régóta készül az ünnepekre. Éva állandóan köt, gyönyörű pulóvereket, sálat, kesztyűt készít a lányainak. Az ajándékokat már mindenkinek megvették.

I.: Szervusz, Évi! Képzeld, megvettem a karácsonyfát. Legalább két és fél méter, és gyönyörű.

É.: Jaj de jó! A lányok azt kérték, hogy az idén hatalmas karácsonyfát hozzon nekik a Jézuska.

É.: Szerinted mi legyen az ünnepi vacsora?

I.: Azt javaslom, hogy az idén süssünk pulykát. Azt előre el lehet készíteni, és hidegen is jó.

É.: Pulykát? Nem bánom. De ahhoz te jobban értesz ...

I.: Aha! Na jó, vállalom a pulykát. És a bejgli?

É.: Azt anyám süti. Nekem marad a töltött káposzta.

I.: Minden rendben? Akkor bemegyek, meggyújtom a gyertyákat, és csengetek.

É.: Csak gyorsan, te bajuszos angyal! A lányok már nagyon izgatottak.

M., J.: Ó, de gyönyörű! Jaj de szép! És mennyi ajándék!

É., I.: Boldog karácsonyt! Énekeljünk, gyerekek! „Mennyből az angyal, lejött hozzátok ..."

Laci: Csong, te mit csinálsz szilveszterkor?

Csong: Mikor? Nem értem.

Laci: Hát december 31-én, az év utolsó napján. Akkor mindenki mulat, iszik, táncol hajnalig. Az emberek éjjel kimennek az utcára, trombitálnak, itallal kínálják egymást. Mi buliba megyünk Katival. Gyere el velünk!

Csong: És mit lehet ott csinálni?

Laci: Hát enni, inni, táncolni. Éjfélkor pezsgővel koccintunk, boldog új évet kívánunk, és megcsókoljuk egymást.

Csong: Ez jó ... Elmegyek, de én csak a szép lányokat akarom megcsókolni.

B

1.

2.

sál — Juli néni /nagynéni/ — látcső

Zoli

kazetta — unokatestvér — öv

konyak — Pista bácsi /nagybácsi/ — öngyújtó

❏ Nagy gondban vagyok. Nem tudom, mit vegyek a nagymamámnak. Adj tanácsot!
● Vegyél talán egy pár kesztyűt!
❏ Szerintem van már neki rengeteg kesztyűje.
● Akkor egy jó könyvet. Tudod, hogy szeret olvasni.
❏ Ez jó gondolat. Igen, veszek neki egy izgalmas krimit.

3.

○ Mit ajánlott a pincér?
■ Hogy együnk rántott májat.
○ És akkor rántott májat ettetek?
■ Dehogy. Utáljuk a rántott májat.

kér
ír
ajánl
javasol
akar

4.

❏ Képzeld, egy külföldi munkatársunk és a felesége jön hozzánk vendégségbe szombat estére. Vacsorára hívtam őket.

● Szerinted mit adjunk nekik?

❏ Én azt mondom, hogy csináljunk pörköltet galuskával.

● Nem hiszem, hogy az jó. Nem elegáns, és lehet, hogy a külföldiek nem szeretik. Inkább rántott halat sütök. Az könnyű, finom, és jól értek hozzá.

❏ Én vállalom az italt. Valami jó száraz fehérbort vásárolok.

Mikorra?	Kik?		Miért nem jó?	Miért jó?
		halászlé		
		gulyásleves		
szilveszter	barátok	töltött káposzta	nehéz elkészíteni	könnyű elkészíteni
születésnap	rokonok	sült csirke	nem mindenki szereti	nem kell hozzá evő
névnap	kollégák	szendvicsek		eszköz
karácsony	az igazgató	sós és édes		mindenki szereti
vasárnap délután	és a felesége	sütemények		könnyű
ma este	stb.	torta	túl { nehéz / csípős / erős / zsíros	egészséges
stb.		rétes		stb.
		pogácsa	stb.	
		palacsinta		
		stb.		
		bor (pezsgő) { fehér / vörös / száraz / édes		
		sör { világos / barna		
		konyak		
		üdítő		
		stb.		

5.

200.. december						
23 H	24 K	25 Sze	26 Cs	27 P	28 Szo	29 V
Karácsony (otthon)			*Ausztria (síelés)*			

		200.. január				
30 H	31 K	1 Sze	2 Cs	3 P		
Ausztria						
	Szilveszter Ágival					

▲ Te mit csinálsz a szünetben?

■ A karácsonyi ünnepeket a családommal töltöm. 26-án a barátaimmal külföldre utazom síelni. Csak 31-én jövök haza. A szilvesztert itthon akarom tölteni a barátnőmmel. És te utazol valahova?

▲ Nem, sajnos. Karácsony után rögtön készülni kezdek a vizsgáimra.

		200.. december							200.. január
23 H	24 K	25 Sze	26 Cs	27 P	28 Szo	29 V	30 H	31 K	1 Sze

NYELVTAN

Vendég: „Hozzon egy üveg bort!"

A vendég azt mondja a pincérnek, hogy hozzon egy üveg bort .
          azt kéri   a pincértől,
A vendég azt akarja , hogy a pincér hozzon egy üveg bort .

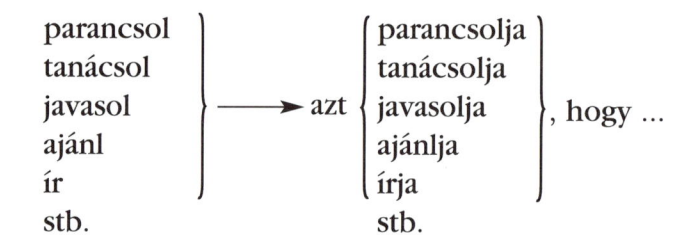

```
parancsol  )          ( parancsolja )
tanácsol   |          | tanácsolja  |
javasol    } → azt {  { javasolja   }, hogy ...
ajánl      |          | ajánlja     |
ír         |          | írja        |
stb.       )          ( stb.        )
```

Utas: „Álljon meg!"
Az utas azt mondja a sofőrnek, hogy *álljon meg*.
                                 hogy *ne menjen tovább*.

SZAVAK

IGÉK
állít
bán
feldíszít
gyújt
javasol
képzel
kínál
koccint
közeledik
megcsókol
meggyújt
meglocsol
mulat
tanácsol
trombitál
ünnepel
vállal

FŐNEVEK
ajándék
angyal
bácsi
bejgli
buli
családtag
dal
eleje
fenyőfa
forradalom
gond
hagyomány
húsvét
karácsony
karácsonyfa
kazetta
menny
munkatárs
nagybácsi
naptár
nőismerős
nyakkendő
pezsgő
pulyka
sál
szenteste
szeretet
szilveszter
szokás
újév
vendégség

MELLÉKNEVEK
bajuszos
boldog
gyönyörű
hatalmas
izgalmas
izgatott
karácsonyi
kétnapos
különböző
ünnepi
vallásos

EGYÉB SZAVAK
kezdve
rögtön

KIFEJEZÉSEK
Kellemes ünnepeket!
december eleje
vmitől kezdve
piros betűs nap
fenyőfát állít
ünnepi vacsora
rokoni látogatás
Képzeld, ...
Jaj de jó/szép!
Nem bánom.
ért vmihez
Aha!
Csak gyorsan!
Ó, de gyönyörű!
Boldog karácsonyt!
Boldog új évet!
nagy gondban van
vendégségbe jön/megy
száraz/édes bor
nemzeti ünnep
ajándékba ad vmit vkinek

D

1. Alakítsa át a mondatpárokat a példa szerint!

„Állítsátok fel a karácsonyfát!" Mit mondott nektek a nagyapa?
Azt mondta nekünk a nagyapa, hogy állítsuk fel a karácsonyfát.

„Gyere velem moziba!" Mit mondott neked Zoli?
....

„Ezt a készüléket vegyék meg!" Mit ajánlott az eladó Nagyéknak?
....

„Gyújtsd meg a gyertyákat!" Mit mondott Éva Istvánnak?
....

„Ne egyen túl sok húst!" Mit tanácsolt neked az orvos?
....

„Vegyetek egy magyar–angol szótárt!" Mit javasolt nekünk Laci?
....

„Látogassatok meg karácsonykor!" Mit írt a nagymama az unokáinak?
....

2. Egészítse ki a mondatokat a hiányzó végződésekkel!

A vendég azt mondja a pincérnek, hogy hoz**zon** egy tiszta poharat.
A pincér azt mondja, hogy azonnal hoz... egy tiszta poharat.
Anna néni azt írta, hogy a múlt héten baleset történ... vele.
Anna néni azt írta, hogy költöz... hozzá valaki a családból.
A rendőr azt mondja, hogy súlyos hibát követ... el. (te)
A rendőr azt mondja, hogy ad... oda a jogosítványodat.
Remélem, hogy sikerül... a vizsgád.
Azt akarom, hogy sikerül... a vizsgád.

3. Írja le a képek alapján, mit csináltak karácsonykor!

Felállítottuk a karácsonyfát.

4. Egészítse ki a szöveget a hiányzó szavakkal és végződésekkel, majd írjon (és/vagy beszéljen) hasonló módon az ünnepekről saját hazájában!

a) Magyarország. . . is vannak különböző ünnepek. Nemzeti ünnepeink közül a legfontos. . . március 15-e, __ __ __ az 1848-as forradalmat ünnepel. . .. A családok számára azonban az igazi nagy ünnepek a karácsony, a szilveszter és a húsvét. Karácsony __ __ __ mindenki az ünnepek. . . készül, vásárol, takarít. Rokonainknak, ismerős. . . képeslapokat küld. . .. A háziasszonyok bejglit süt. . ., karácsonyi étel. . . készítenek. A szentestét általában mindenki a család. . . tölti. Éjfél. . . sok. . . mennek templomba, különösen vidék. . .. 25-én és 26-. . . sokan mennek rokoni látogatás. . ., vendégségbe. Szilveszter. . ., az év utolsó nap. . . általában mulat. . ., szórakoz. . . az emberek. Éjfél. . . pezsgőt nyitnak, és koccintanak, boldog új évet kívánnak egymás. . .. A húsvét is kétnapos ünnep, március vég. . . és április közep. . . között van. Húsvétvasárnap a vallás. . . emberek templom. . . mennek, dél. . . sonkát és tojás. . . esznek. Húsvéthétfő. . . az a szokás,hogy a fiúk és férfiak meglátogat. . . nőismerőseiket, és meglocsolják őket. Természetesen nem víz. . ., hanem parfüm. . .. A lányok ital. . . kínálják őket, és színes tojás. . . adnak __ __ __ ajándékba.

b) Nálunk is vannak különböző ünnepek, ...

5. Keressen szavakat a megadott szempontok szerint!

Mit vehet karácsonyra

Laci Katinak?	Éva Istvánnak?	Az unokák a nagymamának?
....*parfümöt*....	...*nyakkendőt*...	.....*könyvet*.....
....	....	....
....	....	....
....	....	....

JEGYZETEK

A

8. LECKE

Hol vannak az esőkabátok?

❑ Mi a tervetek a hétvégére?
● Ha jó idő lesz, elmegyünk kirándulni. Kell egy kis mozgás az embernek.
❑ Hova fogtok menni?
● Dobogókőre. Minden tavasszal felmegyünk párszor.
❑ Hol van ez a hegy? Messze?
● Nincs messze. Budapesttől északra van, kb. húsz kilométerre.
❑ Autón mentek?
● Dehogy. HÉV-vel indulunk, és a hegyre gyalog fogunk felmenni.

„Várható időjárás ma estig: Most még egy kicsit hűvös van, de napközben fokozatosan emelkedni fog a hőmérséklet. Mindenhol szép kirándulóidő várható, sőt délen és délkeleten az évszakhoz képest meleg lesz: a hőmérséklet elérheti a 20–22 fokot. Máshol a legmagasabb hőmérséklet 16–18 fok lesz. Kisebb eső csak egy-két helyen lehetséges."

▲ Mikor akarsz indulni?
● Minél előbb. Már mindent becsomagoltam.
▲ Beraktad az esőkabátokat is?
● Minek? Nem látod, milyen gyönyörű idő van? Kék az ég, és süt a nap.
▲ De hátha mégis esni fog az eső.
● Nyugodj meg, nem fog esni. Most hallgattam meg az időjárás-jelentést.

▲ Mi az? Hallod? Dörög az ég!
● Dehogy. Ez csak egy repülőgép.
▲ Hallgasd csak! Ez nem repülőgép. És nézd azt a felhőt! Felénk közeledik.
● Jaj de fekete! És tényleg villámlik. Most mit csináljunk? Hol vannak az esőkabátok?
▲ Hogy hol? Hát otthon a fogason. Te mondtad, hogy ne hozzuk el őket, jó idő lesz.
● Igen, mert a rádió ... Szaladjunk!

❑ Na, hogy sikerült a kirándulás?
● Ne is kérdezd! Úgy megfáztam, hogy alig tudok beszélni.
❑ Megfáztál? Hiszen szép idő volt. Nem?
● Lehet, hogy az egész országban sütött a nap, de mi a hegyen bőrig áztunk.
❑ Ne mondd! Ez hogy lehet?
● Én sem értem. De éppen az út közepén voltunk felfelé, amikor zuhogni kezdett az eső. Nagyon megáztunk.
❑ És miért nem vettétek fel az esőkabátot?
● Mert otthon hagytuk. De ezentúl a strandra se megyek esőkabát nélkül.

1.

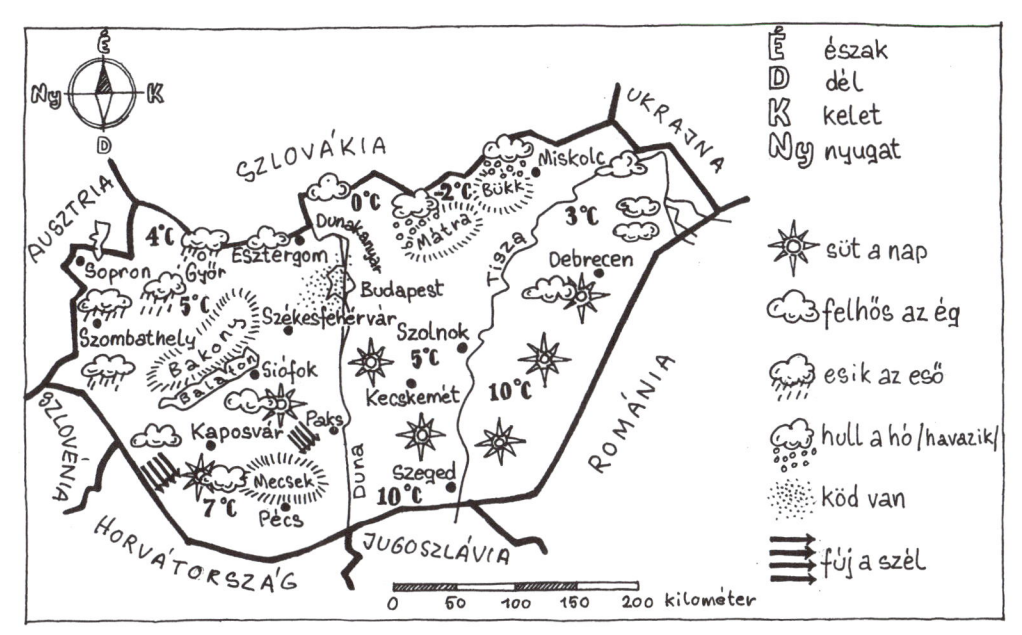

É	észak
D	dél
K	kelet
Ny	nyugat

- süt a nap
- felhős az ég
- esik az eső
- hull a hó (havazik)
- köd van
- fúj a szél

5 °C (plusz öt fok)
-5 °C (mínusz öt fok)

a)
- ❏ Merre van Ausztria?
- ● Nyugatra. Ausztria Magyarország nyugati szomszédja.

b)
- ❏ Hol van Kaposvár?
- ▲ Délnyugaton. A Balatontól délre van, körülbelül ötven kilométerre.

c)
Miskolc Magyarország északkeleti részén fekszik, közel a Bükkhöz. Budapesttől körülbelül 200 kilométerre van keletre.

2.
- ❏ Milyen idő van Szegeden?
- ▲ Az évszakhoz képest elég meleg van. A legmagasabb hőmérséklet kb. 10 fok.
- ❏ Süt a nap?
- ▲ Igen, süt. És nem fúj a szél.

Debrecen	a Bükk
Budapest	a Mecsek
Pécs	a Balaton
Szombathely	a Dunakanyar
stb.	stb.
	(a Bükkben stb.)
	(a Balatonnál)

3.

nyár (nyáron)

○ Milyen idő van?
■ Süt a nap. Ilyenkor nyáron nálunk gyakran süt a nap. És önöknél?
○ Nálunk nemcsak ilyenkor, hanem egész évben majdnem mindig süt a nap. Nagyon ritkán felhős az ég, és alig esik az eső.

ősz (ősszel)    tél (télen)    tavasz (tavasszal)

4.

- ❏ Mit fognak csinálni a hétvégén?
- ● Lemegyünk a Balatonra. Nincs kedve velünk jönni?
- ❏ De, nagyon szívesen. És mit vigyek magammal?
- ● Természetesen fürdőruhát és esetleg napszemüveget, hiszen sokat fogunk úszni és napozni.
- ❏ Vigyek esőkabátot is?
- ● Azt hiszem, az felesleges. Biztosan jó idő lesz: meleg lesz, és sütni fog a nap.

5.

- ▲ Mi a tervetek holnapra?
- ■ Azt tervezzük, hogy kirándulni megyünk. De ha esni fog az eső, inkább moziba megyünk.

6.

Hogy tetszett?/elolvas

Milyen volt?/elmegy

- ○ Na, milyen volt a film?
- ▲ Ne is kérdezd! Ez volt a legrosszabb film, amit életemben láttam.
- ○ Tényleg? Még szerencse, hogy én nem néztem meg.

Hogy ízlett?/megkóstol

Hogy tetszett?/találkozik (BORI)

NYELVTAN

-ni **fog**

Most dolgozom.
Most szomorú vagyok.
Most a gyárban vagyok.
Most nincs szabad időm.

Este táncol**ni fogok**.
Este vidám **leszek**.
Este a diszkóban **leszek**.
Este **lesz** szabad időm.

várni

fog**ok**	fog**om**	lesz**ek**
fog**sz**	fog**od**	lesz**el**
fog	fog**ja**	lesz
fog**unk**	fog**juk**	lesz**ünk**
fog**tok**	fog**játok**	lesz**tek**
fog**nak**	fog**ják**	lesz**nek**

! foglak

El fogok *menni* moziba.
Este fogok *elmenni* moziba.
Nem fogok *elmenni* moziba.
Kocsit fogunk *bérelni*.
Nem fogunk *kocsit bérelni*.

! Itt *lehet* majd enni.
Sietni *kell* majd.
Majd beszélni *akarok* veled.
Nyáron majd pihen*het*ünk.

~~fog~~ → majd

61

SZAVAK

IGÉK
ázik
berak
csökken
dörög
elér
elhoz
előfordul
emelkedik
fog
gyalogol
havazik
hull
megázik
megfázik
megnyugszik
villámlik
zuhog

FŐNEVEK
éghajlat
esőkabát
észak
evés
évszak
felhő
fürdőruha
hó
hőmérséklet
időjárás
időjárás-jelentés
kirándulóidő
köd
mozgás
napszemüveg
nyaralás
ősz
repülőgép
strand
szomszéd
tavasz
tél
terv
tető (teteje)
vénasszony

MELLÉKNEVEK
érdemes
északkeleti
felesleges
felhős
fokozatos
hűvös
kontinentális
lehetséges
mérsékelt
mínusz
nyári
plusz
téli
várható

EGYÉB SZAVAK
előbb
esetleg
ezentúl
felfelé
mégis
minél
nulla
párszor
sőt

KIFEJEZÉSEK
várható időjárás
minél előbb
Minek?
dörög az ég
Hallgasd csak!
Na, ...
Ne is kérdezd!
bőrig ázik
Ne mondd!
zuhog az eső
felhős az ég
hull a hó
köd van
Hogy tetszik/tetszett?
Hogy ízlik/ízlett?
Szerencse, hogy ...
Milyen idő van?
vénasszonyok nyara

1. Egészítse ki a mondatokat az igék jövő idejű alakjával!   **D**

Szállodában _fogok aludni_ __. (alszik 👤¹) Magyarul __ __ __ beszélget… (👤👤¹¹) Meg __ __ __ néz… a várost? (👤👤²²) Sokat __ __ __ nevet… (👤👤³³) A lift nem __ __ __ (működik). Az utasok izgul… __ __ __. __ __ __ __ __ (esik) az eső. A pályaudvaron __ __ __ vár… téged. (👤¹) Mikor __ __ __ kezd… az előadást? (👤👤³³) Ki __ __ __ telefonál…? Ezek a könyvek májusban __ __ __ __ __ (megjelenik). Meg __ __ __ keres… a házatokat. (👤¹) Hol __ __ __ tölt… a szünetet? (👤²) Ön __ __ __ kifizet… a számlát? Önöket is meg __ __ __ hív… (👤👤¹¹) Mit __ __ __ __ __ __ ?(eszik, 👤👤²²)Mikor __ __ __ indul…? (👤👤²²) Ezt a cipőt __ __ __ __ __ __. (felvesz,👤¹)

2. Olvassa el figyelmesen a szöveget, majd írja le jövő időben!

Miklósék kirándulni mennek. Korán indulnak otthonról. Szép idő van, nincs hideg, kék az ég, nem fúj a szél.Nem visznek sok holmit magukkal, mert sokat akarnak gyalogolni. Nem kocsin mennek, hanem HÉV-en és autóbuszon. A HÉV-ről Pomázon szállnak le. Egy kicsit várni kell az autóbuszra. A buszon elég sokan vannak,de Miklósék le tudnak ülni. A busz felmegy Dobogókőre, de ők Pilisszentkereszten leszállnak, és gyalog folytatják az utat. Ha fáradtak, megállnak pihenni egy kicsit, azután továbbmennek. Útközben gombát is szednek.Az erdőben sok gombát lehet találni. Azután továbbmennek. Délben érnek fel a hegy tetejére. Már éhesek és szomjasak. Keresnek egy büfét vagy éttermet, de mindenhol sokan vannak. Ők nem akarnak várni. Végül találnak egy csendes kis büfét. Ott nincs sok ember: ehetnek és ihatnak valamit. Evés után már nincs kedvük gyalogolni, ezért busszal jönnek le a hegyről.

Miklósék kirándulni fognak menni. Korán fognak ....

3. Egészítse ki a szöveget a hiányzó szavakkal és végződésekkel!

Magyarország Közép-Európa… fekszik, elég messze a tengerek… Az éghajlata mérsékelt kontinentális. Négy évszak van: tavasz, nyár, ősz és tél. Nagy különbség van a téli és nyári időjárás között. Nyáron mértek már 40 fok meleg…, télen pedig mínusz 35 fok hideget is.

    A tavasz talán a …szebb évszak Magyarországon. Már zöld… a fák, nyíl… a virágok, sok… süt a nap. Igaz, néha még hideg szelek fúj…, sőt esetleg havazik is, __ __ __ legtöbbször kellemes az idő. A legtöbb ember a magyar nyarat is szeret…: júniustól augusztus… általában kellemes a hőmérséklet. Amikor azonban több __ __ __ 30 fok meleg van, már csak víz mellett, például a Balaton…, vagy a hegyekben érzi igazán jó… magát az ember. Persze ilyenkor is előfordul, hogy a hőmérséklet hirtelen 10–15 fokkal csökken. Ezért Magyarországon nyaralásra is érdemes melegebb ruhát, pulóvert vinni. Szeptember… kezdődik az ősz. Ősz… október közepéig néha még olyan meleg van, mint nyáron: ez a „vénasszonyok nyara". De gyakran napok… esik a hideg eső, köd van, s a hőmérséklet néha már nulla fok alá csökken. Decemberben azután megérkezik a tél. Egyre rövid… a napok, egyre gyakrabb… marad a hőmérséklet nappal is nulla fok alatt. Hidegebb teleken hetekig mínusz 5–10 fok van, és gyakran havazik. Ilyenkor a hegyekben hónapokig __ __ __ síelni, a tavakon, folyókon pedig korcsolyázni.

4. Töltse ki az üres mezőket! (Keressen az évszakokhoz illő időjárási jelenségeket, illetve szabadidős tevékenységeket!)

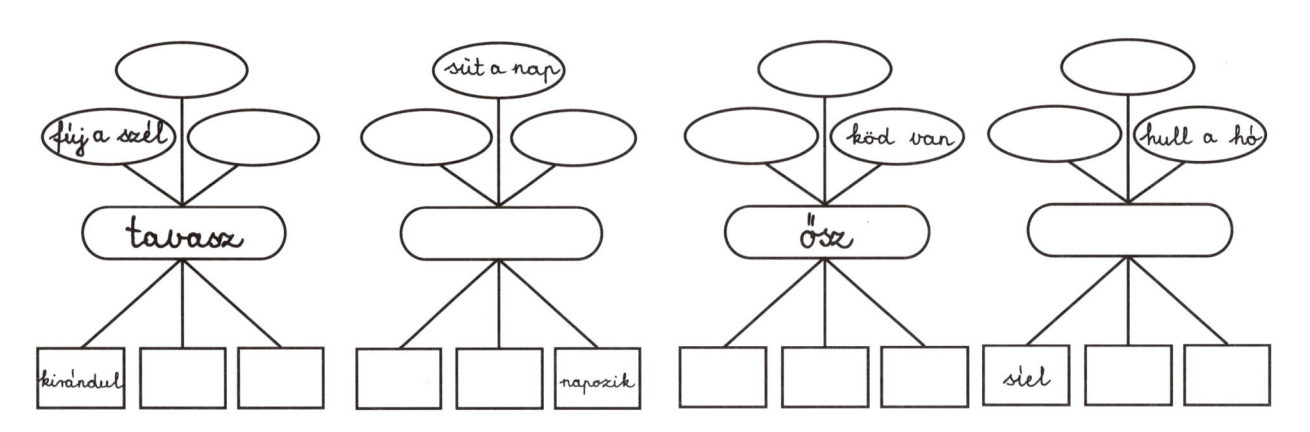

(fúj a szél) — tavasz — kirándul, __, __
(süt a nap) — __ — __, __, napozik
(köd van) — ősz — __, __, __
(hull a hó) — __ — síel, __, __

JEGYZETEK

9. LECKE   A

Hova menjünk nyaralni?

❑ Itt az ideje, hogy eldöntsük, hova megyünk nyaralni. Idejében kell szállást foglalni.
● Jaj nekem! Látom, már megint külföldre akarsz utazni.
❑ Hát persze! Csak nem fogunk itthon ülni egész nyáron a Velencei-tó partján a nyaralónkban?
● Miért ne? Az igazat megvallva én jobban szeretnék itthon maradni. Az embernek szüksége van arra, hogy egyszer egy évben jól kipihenje magát. Számomra a külföldi nyaralás nem pihenés.

❑ Attól függ, hova megyünk. Én arra vágyom, hogy egy csendes tengerparti üdülőhelyen napozhassak, úszhassak, és egész nap ne legyen semmi dolgom.
● Csendes tengerparti üdülőhely? Hol van olyan? Talán Ausztráliában.
❑ Van azért közelebb is. Nézd meg ezeket a prospektusokat! Tele vannak jobbnál jobb ajánlatokkal. Szállodák, vendégszobák teljes ellátással, félpanzióval vagy ellátás nélkül különböző tengerparti helyeken.
● Jó, jó. De azért az árakat is nézd azokban a prospektusokban!

J.: Hallom, István, te nagy országjáró vagy. Tanácsot szeretnék kérni tőled.
I.: Parancsolj, kérlek! Miről van szó?
J.: Májusban a feleségem idejön velem, hogy egy kicsit megimerkedjen Magyarországgal. Kiveszek két hét szabadságot, és elmegyünk egy szép vidéki túrára. Mit ajánlasz, hova menjünk?

I.: Lássuk csak! Annyi szép hely van Magyarországon, hogy nehéz a választás. Szép az északi hegyvidék, az Alföld érdekes és különleges ... Mégis azt tanácsolom, hogy a Dunántúlra menjetek, végig a Balaton északi partján, azután Zalába és az Őrségbe. Ott csodálatos a táj, gyönyörű kis falvak, templomok, műemlékek vannak. És persze a jáki templomot nem hagyhatjátok ki ...
J.: Lassabban, lassabban! Annyi furcsa nevet mondasz! Így nem tudom megjegyezni. Itt van egy térkép, azon mutasd!
I.: Az lesz a legjobb, ha otthon megtervezem neked ezt az utat. Holnapra elhozom.

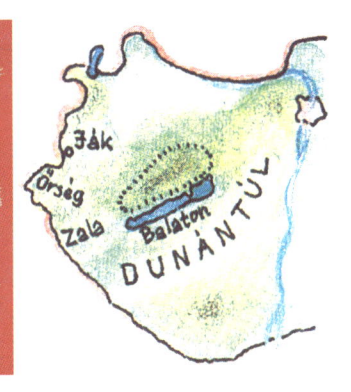

J.: Előre is köszönöm. És mit gondolsz, kapunk szállást azon a vidéken?
I.: Májusban egész biztos. Az még nem igazi turistaszezon. A Balaton környékén sok szálloda, motel, kemping és turistaház van. Ezenkívül sok magánháznál adnak ki szobát vagy lakást.
J.: Kíváncsian várom a programodat, és még egyszer köszönöm a segítségedet.
I.: Szóra sem érdemes. Örülök, ha segíthetek valamiben.

B

1.

- vár
- templom
- múzeum
- műemlék
- kastély
- határ
- gyógyfürdő
- hotel
- motel
- turistaszálló
- kemping
- főút

a)

❏ Hol fekszik Kőszeg?

● Az osztrák határ közelében, kb. 200 km-re Budapesttől.

❏ Milyen látnivalók vannak ott?

● Elsősorban a híres kőszegi vár és a belváros szép műemlék házai. Kőszeghez közel van egy gyógyfürdő is, Bük. A jáki templom is elég közel van hozzá. Kőszegről könnyen el lehet jutni Sopronba és Szombathelyre is.

b)

■ Hova akartok menni túrára?

▲ Kőszeg vidékére.

■ Miért éppen oda?

▲ Azért, hogy megnézzük a kőszegi várat és a híres jáki templomot. Ezenkívül a büki gyógyfürdőben is meg akarunk fürödni.

■ És hol fogtok megszállni?

▲ Kőszegen egy kis szállodában.

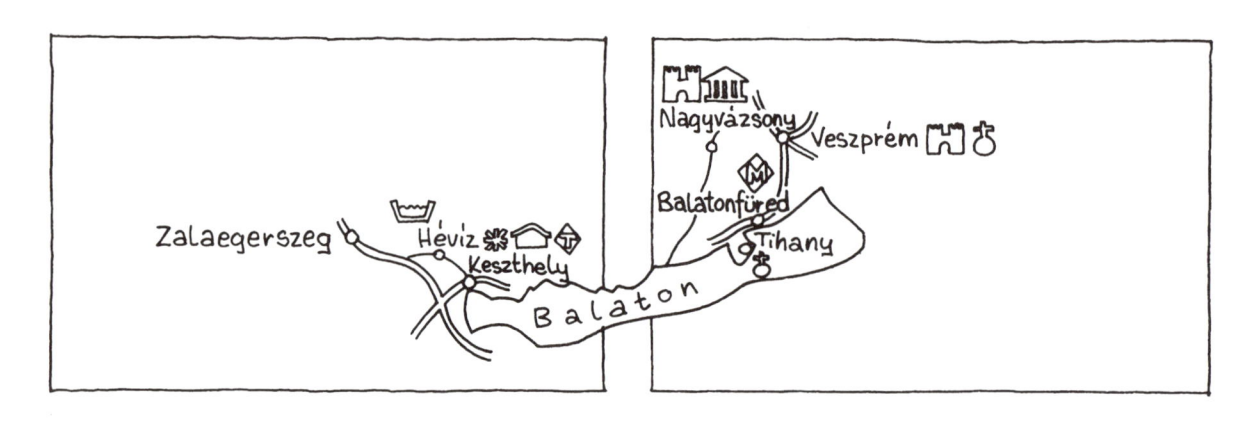

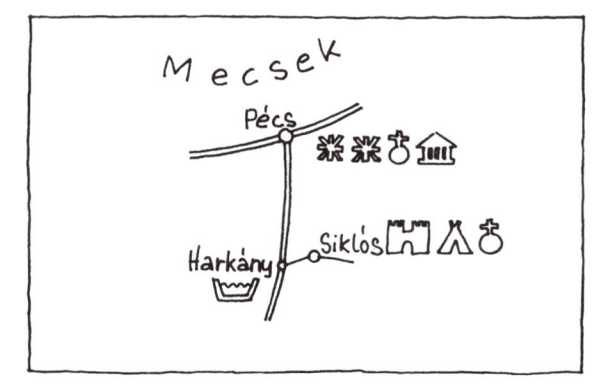

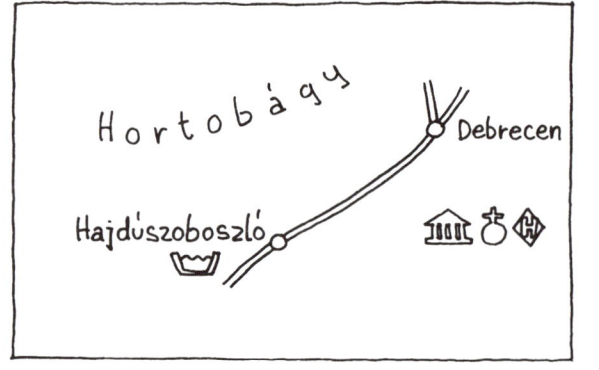

2.

□ Információt szeretnék kérni. Milyen ajánlataik vannak vízparti üdülésre valami csendes helyen?

● Milyen időpontban és hány személyre?

□ Szeptemberben két személyre.

● Egyhetes üdüléseink vannak különböző folyók és tavak mellett ... Lássuk csak! Ajánlhatom például Orfűt. Ott egész szeptemberre vannak még szabad helyek. A szállás kempingben, faházakban.

□ Hol van Orfű, és milyen hely?

● Pécstől 16 km-re fekszik a Mecsekben. A tavak gyönyörű környezetben vannak, csónakázni, horgászni is lehet.

□ És mennyibe kerül egy hétre?

● 12 300 Ft egy faház két személyre.

□ Teljes ellátással?

● Nem, félpanzióval.

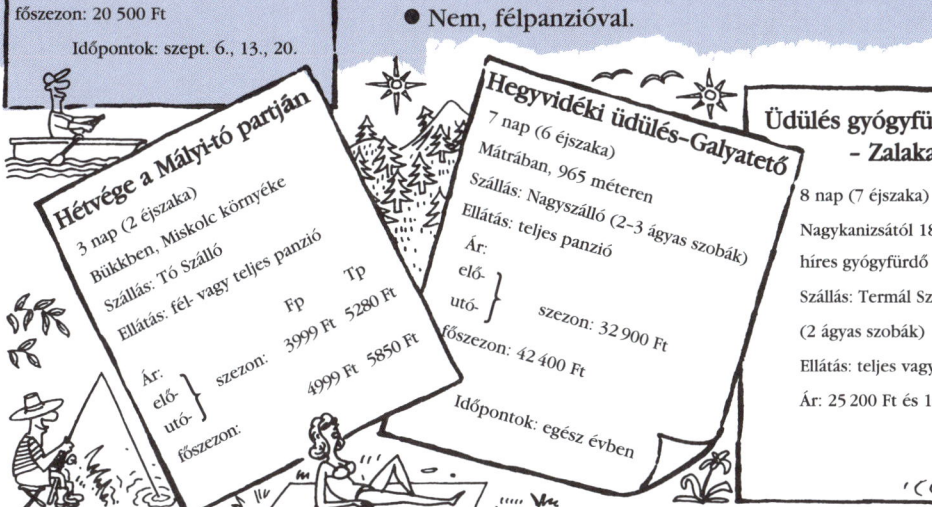

VÍZPARTI ÜDÜLÉS – ORFŰ
8 nap (7 éjszaka)
Pécstől 16 km, szép környezet.
A tavakon csónakázni, horgászni lehet.
Szállás: kemping (2 személyes faházak)
Ellátás: félpanzió
Ár:
elő- / utó- } szezon: 12 300 Ft
főszezon: 20 500 Ft

Időpontok: szept. 6., 13., 20.

Hétvége a Mályi-tó partján
3 nap (2 éjszaka)
Bükkben, Miskolc környéke
Szállás: Tó Szálló
Ellátás: fél- vagy teljes panzió
         Fp   Tp
Ár:
elő- / utó- } szezon: 3999 Ft 5280 Ft
főszezon: 4999 Ft 5850 Ft

Hegyvidéki üdülés–Galyatető
7 nap (6 éjszaka)
Mátrában, 965 méteren
Szállás: Nagyszálló (2–3 ágyas szobák)
Ellátás: teljes panzió
Ár:
elő- / utó- } szezon: 32 900 Ft
főszezon: 42 400 Ft

Időpontok: egész évben

Üdülés gyógyfürdő mellett – Zalakaros
8 nap (7 éjszaka)
Nagykanizsától 18 km-re híres gyógyfürdő
Szállás: Termál Szálló (2 ágyas szobák)
Ellátás: teljes vagy félpanzió
Ár: 25 200 Ft és 16 300 Ft

3.

○ Megengeded, hogy rágyújtsak?
■ Persze. Gyújts csak rá nyugodtan!

elvesz   tölt   kinyit   bekapcsol

NYELVTAN

Miért? azért, hogy

Paul azért utazott Pécsre, hogy riportot készítsen egy színésznővel.

≈ Éva azt **várja**
Éva arra **vágyik** }, **hogy legyen** szabad ideje.
Éva azt **kívánja**

Szükségem van arra } , **hogy elmenjek** nyaralni.
Fontos

! Az edzőnk **megengedte, hogy** pihen**jünk** egy kicsit, de **megtiltotta, hogy** rágyújt**sunk**.

Hozd be a kávét!

Azt akarom, hogy Gábor *hozza be* a kávét. Azt várom, hogy Gábor *behozza* a kávét.
≈ kérem   ≈ Arra vágyom,
   stb.   Fontos,
                                                stb.

számára   Adok (neked) egy könyvet Márta számára.

| számomra, számodra, számára, számunkra, számotokra, számukra |
| ! az ön számára   ! az önök számára |

68

SZAVAK

IGÉK
csónakázik
eldönt
függ
kiad
kihagy
kipihen
közlekedik
látogat
megenged
megismerkedik
megjegyez
megszáll
megtervez
megtilt
megünnepel

FŐNEVEK
ajánlat
ellátás
előszezon
faház
félpanzió
fizetővendég-szoba
főszezon
főút
fürdőhely
gyógyulás
gyógyfürdő
hegyvidék
időpont
információ
kastély
környezet
látnivaló
magánház
motel
műemlék
nyaraló
országjáró
panzió
parasztház
prospektus
segítség
szabadság
szállás
táj
térkép
túra
turistaház
szezon
utószezon
üdülés
üdülőhely
választás
vendégszoba

MELLÉKNEVEK
dombos
értékes
furcsa
hegyes
hegyvidéki
különleges
mély
sík
sokféle
teljes
tengerparti
utóbbi
vízparti

EGYÉB SZAVAK
ezenkívül
holnapra
idejében
kérlek
miatt
például

KIFEJEZÉSEK
Itt az ideje, hogy ...
Jaj nekem!
Hát persze!
Csak nem ...?
kipiheni magát
Attól függ, hogy ...
jobbnál jobb __ __ __k
teljes ellátás
Miről van szó?
kivesz __ __ __ nap/hét
  szabadságot
egész biztos(an)
lakást/szobát kiad
Szóra sem érdemes.
Örülök, ha ...
__ __ __j csak nyugodtan!
téli szünet
más és más
mind a kettő/három/négy
gyógyulást keres
az utóbbi időben
híres vmiről
meleg vizű

D

1. Egészítse ki a mondatokat!

Paul azért utazott Pécsre, hogy riportot készít... egy színésznővel.
Jan felesége azért jön ide, hogy megismerked... az országgal.
Márta azért akar tengerparton nyaralni, hogy egész nap. napozhat. ...
Miklós azért akar itthon maradni, hogy pihenhet... és horgászhat. ...
A fiúk azért utaznak Szlovákiába, hogy síelhet. ...
Zsuzsa azért hívta ki a mentőket, hogy Katit kórházba ___ ___ ___ (visz).
A diákok azért fognak kempingbe menni, hogy olcsóbb ___ ___ ___ a nyaralás.

2. Válaszoljon a kérdésekre két formában a példa szerint! Használja a zárójelben megadott igéket!

Miért ment ki Éva a kertbe? (kertészkedik)
Azért, mert kertészkedni akar. Azért, hogy kertészkedjen.
Miért utaztak a fiúk a Balatonhoz? (szörfözik, vitorlázik)
....
Miért ment be István a nappaliba? (meggyújt)
....
Miért hívtak Gáborék vendégeket? (megünnepel)
....
Miért utazott Anna néni Hévízre? (fürdik)
....
Miért mész ki az erkélyre? (rágyújt)
....
Miért mennek a turisták Jákra? (megnéz)
....

3. Fejezze be a mondatokat a zárójelben megadott igék felhasználásával!

Szükségem van arra, hogy a vizsgák után ___ ___ ___ ___ ___ ___ ___ ___ ___ (kipihen)
A gyerekek nagyon várják, hogy a téli szünetben ___ ___ ___ ___ ___ ___ ___ ___ (havazik)
A kislányok arra vágynak, hogy karácsonyra ___ ___ ___ ___ ___ ___ ___ (kap)
Nem fontos, hogy előre ___ ___ ___ ___ ___ ___ ___ ___ (foglal)
A virágoknak szükségük van arra, hogy rendszeresen ___ ___ ___ ___ ___ ___ (meglocsol)
Nincs kedvünk ahhoz, hogy a nyári szabadságunkat ___ ___ ___ ___ ___ ___ (tölt)
Éva nem engedi meg a gyerekeinek, hogy ___ ___ ___ ___ ___ ___ ___ ___ (közlekedik)
Az edző megtiltotta a fiúknak, hogy ___ ___ ___ ___ ___ ___ ___ ___ (iszik)

4. Egészítse ki a szöveget a hiányzó szavakkal és végződésekkel, majd írjon hasonló ismertetést saját hazájáról!

Magyarországon nincsenek nagyon magas hegyek, nincs tenger, mégis sokféle gyönyörű táj... találhatunk itt. Minden vidék... más és más az arca. Az ország keleti rész..., az Alföld teljesen sík vidék; az északi rész... hegyek, erdők vannak; a Dunántúl pedig szép, dombos tájairól híres. A nyári turistaszezon... a legtöbb turista a Balatonhoz látogat. A Balaton Közép-Európa legnagyobb tava, és mind a két partja tele van kellemes üdülőhelyek. ... Az északi part hegyes vidék, itt vannak a legszebb helyek: Tihany, Füred, Badacsony és Keszthely. A déli part sík vidék, ez kisgyerekek __ __ __ különösen megfelelő fürdőhely, __ __ __ a víz nem mély, és hőmérséklete a nyári hónapok. . . a 26 fokot is elérheti. Sok turista jön Magyarországra a gyógyfürdők miatt is. Nemcsak Budapesten vannak gyógyfürdők, hanem számos más hely. . . is. A leghíresebbek Hévíz, Hajdúszoboszló, Miskolctapolca, Harkány, Bük, Zalakaros. Ezek. . . a természetes meleg vizű fürdőkben sok beteg ember keres. . . a gyógyulást. Az utóbbi idő. . . nemcsak a városokba és a Balatonhoz látogat. . . a turisták, __ __ __ a kisebb falvakba is. Számos faluban vannak szép műemlékek, érdekes régi parasztházak. Szép a környezet, jó a levegő, és az emberek sok. . . kedvesebbek, __ __ __ a városokban. Sok faluban vannak fizetővendég-szobák, __ __ __ a turisták szállás. . . találhatnak.

5. Mi az?

1. olcsóbb nyári szálloda
2. író, költő, színész stb.
3. újra
4. ember
5. olyan ház, ahol nem laknak, csak nyaralnak
6. járműnek az a része, amelynek a segítségével hirtelen meg tud állni
7. buta ←→

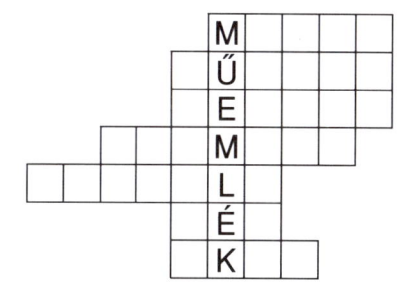

JEGYZETEK

10. LECKE

Van valami elvámolnivalója?

Pedro Romero fiatal perui üzletember. Sok év óta van kapcsolata Magyarországgal. Ez nem csoda, hiszen itt végezte el az egyetemet. 1987-ben szerzett diplomát a budapesti közgazdasági egyetemen. Ezenkívül a felesége is magyar. Pedro 1987-ben hazatért Peruba, és egy külkereskedelmi vállalatnál helyezkedett el. Természetesen gyakran vannak magyar vendégei, és ő is rendszeresen jár Magyarországra.

Két héttel ezelőtt a főnöke szólt neki, hogy megint Magyarországra kell utaznia a Budapesti Nemzetközi Vásárra. Természetesen ő ezt egyáltalán nem bánta. Eredetileg a múlt héten akart indulni, de egy héttel el kellett halasztania az utazását, mert a vízumot nem tudta időben elintézni. Csütörtökön végre sikerült elindulnia. Madridig spanyol gépen utazott, és ott átszállt a Malév járatára.

❑ Kisasszony, legyen szíves!
● Parancsoljon, uram!
❑ Legyen szíves, adjon egy magyar újságot!
● Tessék, kérem. Parancsol még valamit?
❑ Hánykor fogunk Budapestre érkezni?
● A menetrend szerint 4 óra 40 perckor, de körülbelül 20 percet késni fogunk.
❑ Mi az oka a késésnek?
● Sajnos, már Madridból késéssel indultunk.

„Kedves utasaink! Néhány perc múlva leszállunk a Ferihegyi repülőtéren. Kérem kapcsolják be a biztonsági öveket, és oltsák el a cigarettát! Budapesten süt a nap, a hőmérséklet 20 fok. A Malév 583-as járatának kapitánya és személyzete búcsúzik önöktől, és reméli, hogy kellemesen utaztak."

△ Az útlevelét legyen szíves!
❑ Tessék.
△ Honnan jön, kérem?
❑ Peruból.
△ Mi az utazásának a célja?
❑ A BNV-re jövök, és néhány üzleti ügyet kell elintéznem.
△ Mennyi ideig kíván Magyarországon maradni?
❑ Körülbelül két hétig.
△ Érezze jól magát nálunk, uram!

✱ ✱ ✱

▲ Van valami elvámolnivalója?
○ Nincs, kérem.
▲ Legyen szíves kinyitni a csomagtartót! Mi van ebben a bőröndben?
○ Személyes holmi. Ruha, könyvek és hasonló dolgok.
▲ Nyissa ki kérem! ... És ez mi? Tudja, hogy fegyvert nem szabad behozni?!
○ Fegyvert? Hiszen ez a kisfiam játékpisztolya!

1.

étterem — éjszakai bár — garázs — uszoda — **B**

kutyát, macskát be szabad vinni — fodrászat — teniszpálya — lovaglás

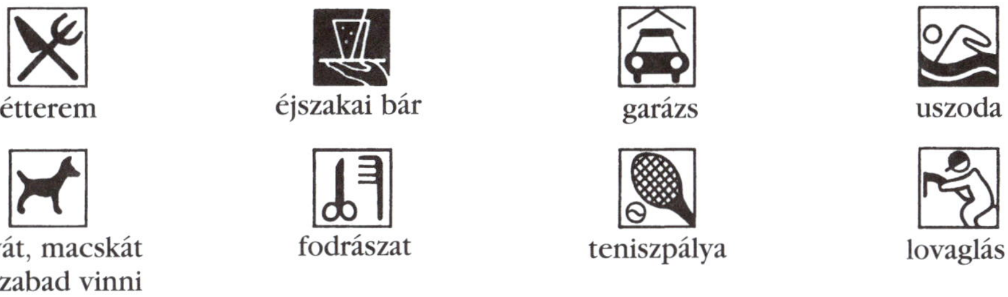

a)

- ❑ Szállodai szobát szeretnék.
- ● Olcsót vagy drágát?
- ❑ Az ár nem számít.
- ● Akkor ajánlhatom a Hiltont. Ötcsillagos szálloda a Várban. Kitűnő az étterme, van éjszakai bár, fodrászat ...
- ❑ És garázs?
- ● Természetesen az is.
- ▲ És be szabad vinnem a macskámat?
- ● Igen, asszonyom.
- ▲ Akkor azt hiszem, megfelel.
- ❑ Igen. Akkor egy kétágyas, fürdőszobás szobát kérünk, lehetőleg a harmadik emeleten.

b)

- ○ Szerinted melyik szállodába menjek?
- ▲ Menj a Hiltonba! Nagyon előkelő, ötcsillagos szálloda a Várban.
- ○ Nem túl drága?
- ▲ De, elég drága. Talán a legdrágább szálloda Budapesten.
- ○ Nem ismersz egy olcsóbbat? Nem vagyok milliomos.
- ▲ Akkor menj inkább az Ifjúságba! Szép helyen van, jó az étterme, és elég olcsó.
- ○ És lehetőségem lesz lovagolni ott?
- ▲ Lovagolni? Ha lovagolni akarsz, nem érdemes Budapesten maradnod. Menj el valahova vidékre! Például az acsai Kastélyszállóba!

2.

Nagy-Britannia
nyári egyetem
(Debrecen)

Egyesült Államok
nagyszülők

❑ Az útlevelüket legyenek szívesek!
● Tessék.
❑ Honnan jönnek, kérem?
● Lengyelországból.
❑ Mi az utazásuk célja?
● Nyaralni jövünk a Balatonhoz.
❑ Mennyi ideig kívánnak Magyarországon tartózkodni?
● Körülbelül egy hónapig.
❑ Érezzék jól magukat nálunk!

Svédország
(üzleti ügyek)

Olaszország
futballmeccs
(Népstadion)

3.

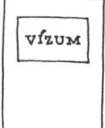

SZEMÉLYI IGAZOLVÁNY — ÚTLEVÉL — VEZETŐI ENGEDÉLY / Permis de conduire

megújít

TARTÓZKODÁSI ENGEDÉLY KÜLFÖLDI ÁLLAMPOLGÁROK RÉSZÉRE — VÍZUM

meghosszabbíttat

○ Ráérsz holnap délelőtt?
■ Sajnos nem. El kell intéznem az útlevelemet. Meg kell újítanom.
○ Miért? Már lejárt?
■ Nem, még érvényes, de nemsokára lejár.

▲ Uram! Önnek lejárt a vízuma.
● Tényleg. Nem is vettem észre! Most mit csináljak?
▲ Hosszabbíttassa meg minél előbb!

❑ Megkaptad már az útleveledet?
▲ Még nem, de remélem, néhány napon belül megkapom.
❑ Mikor adtad be a kérelmet?
▲ Már több mint egy héttel ezelőtt.

NYELVTAN

-nia kell

Várni kell.

Katinak várnia kell.

Nekem várnom kell.

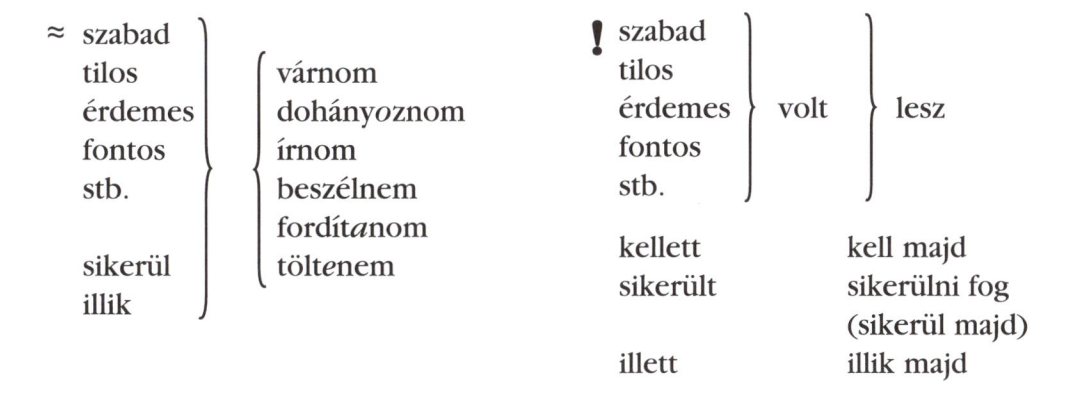

1	nekem	várnom	sietnem	főznöm
2	neked	várnod	sietned	főznöd
3	neki	várnia	sietnie	főznie
1 1	nekünk	várnunk	sietnünk	főznünk
2 2	nektek	várnotok	sietnetek	főznötök
3 3	nekik	várniuk	sietniük	főzniük

≈ szabad   várnom   ! szabad
   tilos   dohányoznom   tilos
   érdemes   írnom   érdemes } volt } lesz
   fontos   beszélnem   fontos
   stb.   fordítanom   stb.
      töltenem
   sikerül   kellett   kell majd
   illik   sikerült   sikerülni fog
        (sikerül majd)
        illett   illik majd

Bemegyek a múzeumba.

Be | kell / szabad | mennem a múzeumba.

| Tilos / Érdemes / Fontos / Sikerül / Illik | bemennem a múzeumba.

SZAVAK

IGÉK
búcsúzik
elhalaszt
elhatároz
elhelyezkedik
elolt
észrevesz
hazatér
késik
lefoglal
lejár
meghosszabbíttat
megújít
számít
szerez
tartózkodik
továbbindul

FŐNEVEK
cél
csillag
csomagmegőrző
elvámolnivaló
fegyver
fodrászat
főnök
futballmeccs
hálókocsi
járat
játékpisztoly
kapcsolat
kapitány
kérelem
késés
lovaglás
macska
menetrend
ok
pisztoly
személyzet
utazás
vám
vásár

MELLÉKNEVEK
előkelő
hasonló
közgazdasági
közvetlen
perui
többi

EGYÉB SZAVAK
aznap
belül
időben
lehetőleg
nappal
ugyanakkor

KIFEJEZÉSEK
Van valami elvámolnivalója?
diplomát szerez
közgazdasági egyetem
elintézi a vízumot / az útlevelet stb.
üzleti ügy(ek)
személyes holmi
éjszakai bár
egy-/két-/háromcsillagos szálloda
Az ár nem számít.
nyári egyetem
néhány napon belül
lejár az útlevél / a vízum stb.
Nem is vettem észre.
beadja a kérelmet
a többi ___ ___ ___

1. Írja be a megfelelő végződéseket! **D**

nekem { Siet... kell. Nem érdemes vár.... Fontos ott __ __ __ (van). Mindent sikerült elintéz.... Ezt könnyű megmagyaráz.... Nem fontos rágyújt.... Nem illett leül.... }

neked { Külföldre kellett utaz.... Érdemes lesz visszajön.... Jó lesz segít.... Be szabad __ __ __ (megy). Tilos itt parkol.... Nem fontos telefonál.... Mikor kell költöz...? }

neki { Tilos volt megáll.... Kávét kellett készít.... Nehéz lesz __ __ __ (elalszik). Fel kellett öltöz.... Nem volt szabad dohányoz.... Illik válaszol.... Sikerült megáll.... }

nekünk { Lakást kell bérel.... Fontos alkalmazkod.... Illik elbúcsúz.... Itt tilos előz.... Sikerült elszalad.... Érdemes volt megismerked.... Nem szükséges pénzt vált.... }

nektek { Figyel... kell. Nem kell megijed.... Sikerült időben odaér...? Érdemes lesz itt vacsoráz.... Most nem szabad teniszez.... Ezt fontos megért.... Őt is illik meghív.... }

nekik { Ezt meg kell kóstol.... Jó lesz vigyáz.... Érdemes lámpát gyújt.... Nem szabad mozog.... Sikerült mindent __ __ __ (megvesz)? Itt tilos fényképez.... Fontos pontosan érkez.... }

2. Egészítse ki a mondatokat a felsorolt igékkel, illetve melléknevekkel! (Mindegyik szó csak egyszer szerepeljen!)

illik, kell, lehet; érdemes, fontos, kellemes, szabad, tilos

Felhős az ég, nem __ __ __ napozni. A villamoson a jegyet kezelni __ __ __ . Az autóbuszon __ __ __ dohányozni. Ebben az étteremben nagyon jól főznek, __ __ __ itt vacsorázni. Ebéd közben nem __ __ __ újságot olvasni. Nyáron este __ __ __ a Margit-szigeten sétálni. Nagyon __ __ __ ismerni a közlekedési szabályokat. Sok szállodába nem __ __ __ kutyát bevinni.

3. Egészítse ki a szöveget a hiányzó szavakkal és végződésekkel.

Szeptember... elhatároztam, hogy Magyarország... utazom. Meg akar... nézni a BNV-t. __ __ __ (elmegy) egy utazási irodába, és ...vettem a jegy... Budapestre. Ugyanakkor lefoglal... egy szobát egy háromcsillag... szállodában. Általában vonat... utazom, mert nem szeretek repül.... Igaz, hogy a repülőgép gyorsabb, __ __ __ a vonat, de a vonat olcsóbb, és szerintem kényelmes... is. Természetesen érdemes hálókocsiban utaz..., így az ember éjjel nyugodt... alhat, nappal pedig olvashat, néz... a tájat, beszélget... a többi utas.... A vonat... délután hatkor indult Madrid.... Sajnos, Párizsban át kellett száll..., __ __ __ nincs közvetlen vonat Madrid és Budapest között. Reggel érkeztem Párizs.... A bőröndömet ...tettem a csomagmegőrzőbe, és sétáltam pár óra... a városban. A város központjában megnéztem a ...híresebb épületeket, például az Eiffel-tornyot. Párizsból este 7-... indultam tovább, és másnap délután érkeztem meg Budapestre. Az Orient pontos... érkezett a Keleti pályaudvarra, csak néhány percet kés.... A pályaudvar __ __ __ taxiba ültem, és ...mentem a szállodába. Aznap már ott vacsoráztam.

Ön hogyan utazott Magyarországra? (Ön hogyan fog Magyarországra utazni?)

4. Írja be a megfelelő piktogram számát az egyes szolgáltatások neve előtti kockába!

1 2 3 4 5 6 7 8 9 10 11 12 13

☐ Pénzváltás
☐ Felvilágosítás
☐ Taxirendelés
[5] Elveszett poggyász
☐ Telefon

[12] WC
☐ Gépkocsi-kölcsönzés
☐ Útlevél-ellenőrzés
☐ Posta

☐ Poggyászkiadás
☐ Szobafoglalás
☐ Vámkezelés
☐ Vámmentes bolt

JEGYZETEK

11. LECKE

A

Most mi az ördögöt csináljak?

Márta és Miklós elhatározták, hogy idén az olasz tengerparton töltik a nyári szabadságukat. Azonnal lefoglaltak egy szobát két hétre egy tengerparti panzióban. Márta előre örült a nyaralásnak. Már máskor is nyaraltak a tengernél: egyszer Spanyolországban voltak, kétszer pedig Olaszországban. Márta mind a háromszor nagyon jól érezte magát; egész nap fürdött, napozott. Miklósnak már kevésbé tetszett a dolog; sokat kellett vezetnie, és számára túl meleg volt. De Márta kedvéért most is beleegyezett, hogy a tengerhez menjenek.

Indulás előtt, az utolsó délután Márta elment az áruházba néhány szükséges dologért. Miklós pedig elment a legközelebbi benzinkúthoz tankolni.

❑ Ólommenteset kérek. Tele legyen szíves! És nézze meg, kérem, az olajat is!

● Egy kevés hiányzik. Hozzátöltsek?

❑ Igen, legyen szíves! És ellenőrizze a gumikat is! Holnap hosszabb útra megyünk.

● Akkor megnézhetem a hűtőt és a fékfolyadékot is. Nagyon kellemetlen, ha útközben romlik el valami ... Igen, rendben vannak.

❑ Köszönöm szépen. Tessék! A többi a magáé.

● Én köszönöm. És jó utat, uram!

Reggel hat órakor indultak Budapestről. De alig tettek meg ötven kilométert, amikor Miklós hirtelen fékezett és megállt.

● Mi történt? Miért álltunk meg?

❑ Valami van a kerekekkel. Nem tudom, nem kaptunk-e defektet. Mindjárt megnézem.

● Na, mi van?

❑ Igen. A bal hátsó kerék defektes. Nem nagy ügy. Pár perc alatt kicserélem ... A mindenit! Már csak ez hiányzott!

● Mi az? Mi a baj?

❑ Nem találom az emelőt. Valószínűleg a garázsban felejtettem. Most mi az ördögöt csináljak? Visszamenjek érte?

● Viccelsz? Semmi kedvem sincs miattad itt tölteni az egész napot az országút szélén. Próbálj meg kölcsönkérni egyet valakitől!

❑ De kitől?

● Kitől? Hát állíts meg egy kocsit!

❑ Bocsásson meg uram, hogy megállítottam.

▲ Mi a baj? Tudok segíteni?

❑ Remélem, igen. Defektet kaptam, és az emelőmet otthon felejtettem. Önnek biztosan van emelője. Legyen szíves kölcsönadni pár percre!

▲ Örömmel segítek. Azonnal kiveszem ...
A mindenit! Hol az emelőm? És hol a táskám?!

B

1.

a sebességváltó nem működik
(nem lehet kettesbe kapcsolni)

a hűtő nem működik
(nem hűt)

□ Autóklub segélyszolgálat. Parancsoljon!
● Nem tudom, ilyen későn tudnak-e segíteni ...
□ A nap 24 órájában rendelkezésére állunk. Miben segíthetünk?
● Leállt a kocsim motorja.
□ Nem tudja, mi baja lehet?
● Fogalmam sincs róla. Csak nem tudom elindítani.
□ Milyen márkájú a kocsija?
● Opel.
□ Most hol van?
● Az M7-en, 10 kilométerre Siófoktól. A 96. kilométer közelében.
□ Küldök egy szerelőt, tíz percen belül ott lesz.

elromlott a fék
(nem fog)

elromlott a dinamó
(nem tölt)

2.

nincs kép

nem hűt

■ Halló! Gázművek.
▲ Elromlott a gáztűzhelyünk.
■ Mi a baj vele?
▲ Gázszagot érzünk a konyhában.
■ Mióta érzik a gázszagot?
▲ Ma reggel óta.
■ Zárják el a gázt, és ne nyúljanak a tűzhelyhez! Kiküldök egy szerelőt. A nevét és címét legyen szíves!
▲ Barna Béláné, XI. kerület, Fehérvári út 136. II. emelet 8. És mikorra várhatom a szerelőt?
■ 11 és 12 között.

nagyon zúg

füstöl

3.

nem működik a fűtés gázszivárgás van nincs villany

Hibabejelentés:
Vízművek 465-24-00
Távfűtő Művek 206-16-66
Gázművek 356-83-72
Elektromos Művek 238-38-38

- ❏ Vízművek!
- ● Halló! Legyenek szívesek azonnal kijönni! Csőtörés van.
- ❏ Honnan tudja?
- ● Hogy honnan? Folyik a víz a falból.
- ❏ Rendben van, azonnal kimegyünk. A címet legyen szíves megmondani!

4.

füstöl a tévé
(tévészerelő)

nem nyílik a zár
(lakatos)

- ▲ Folyik a mosdó! Most mi az ördögöt csináljunk?
- ● Hívd ki a vízvezeték-szerelőt!
- ▲ Igazad van. Bár nem tudom, ilyenkor kijön-e. És a számát sem tudom.
- ● Várj! Mindjárt megnézem a telefonkönyvben ... Itt van: 238-1542.

nem ég a lámpa
(villanyszerelő)

vízvezeték-szerelő 238-15-42
tévészerelő 438-12-48
lakatos 315-71-59
villanyszerelő 349-56-17

5.

- ❏ Hova mész?
- ▲ Az útlevelemért a rendőrségre. És te?
- ❏ Én a könyvtárba megyek olvasni.

C NYELVTAN

Miért? -ért

Kati kenyérért megy a boltba.   Miklós elmegy a hivatalba Mártáért.

! értem, érted, érte stb.

miatt

Nem tudunk elindulni az eső miatt.

! miattam, miattad, miatta stb.

kedvéért

István a gyerekek kedvéért ment el az állatkertbe.

= azért, mert a gyerekek nagyon
szeretik az állatokat;
azért, hogy a gyerekek örüljenek

! a kedvemért, a kedvedért, a kedvéért stb.

Hányszor?   -szor   Kétszer nyaraltam Olaszországban, háromszor
-szer   Görögországban és ötször a Balatonnál.
-ször

≈ néhányszor, sokszor, többször, párszor stb.

-e

Megkérdeztem Katit, hogy szereti-e a fagylaltot.

Szereted a fagylaltot?

nem tudom
kíváncsi vagyok arra
szeretném tudni }, hogy ____ -e
érdekel
stb.

82

SZAVAK

IGÉK
bedug
beleegyezik
ég
elromlik
elzár
fog
gyakorol
hiányzik
hozzátölt
kapcsol
kihúz
kiküld
kölcsönad
kölcsönkér
leáll
megállít
megbocsát
megkérdez
megtesz
nyúl
tankol
zúg

FŐNEVEK
autóklub
csőtörés
defekt
dugó
emelő
fékfolyadék
Gázművek
gázszag
gázszivárgás
gumi
hibabejelentés
konnektor
lakatos
meccs
országút
ördög
probléma
rendelkezés
segélyszolgálat
szag
szél

MELLÉKNEVEK
defektes
egész
hátsó
olasz
kellemetlen
ólommentes

EGYÉB SZAVAK
érte
kevésbé
valószínűleg

KIFEJEZÉSEK
Mi az ördögöt csináljak?
nyári szabadság
előre örül vminek
mind a kettő stb.
egész nap
ólommentes benzin
A többi a magáé.
Jó utat!
Attól félek, hogy ...
defektet kap
Na, mi van?
Nem nagy ügy.
A mindenit!
Már csak ez hiányzott!
Mi az?
Bocsáss(on) meg, hogy ...!
megtesz ... kilométert
vkinek a rendelkezésére áll
Fogalmam sincs róla.
Milyen márkájú?
nem fog a fék
kettesbe stb. kapcsol
nincs villany
Elektromos Művek
ég a lámpa

D

1. Egészítse ki a szöveget a hiányzó elemekkel!

-ért
miatt
kedvéért
-ni
azért, mert
azért, hogy

Péter betegség ___ ___ ___ hiányzott a munkából. A feleségem ___ ___ ___ vettem mozijegyet. ___ ___ ___ vagyok fáradt, ___ ___ ___ túl sokat dolgozom. Lefekszem alud... Gábor telefonált a szállodába, ___ ___ ___ szobát foglaljon. Visszamentem a szobába az ernyőm... Meghívom a barátaimat beszélget... egy kicsit. A baleset ___ ___ ___ nagyon lassan haladunk. Kinek a ___ ___ ___ készítettél halászlét? Azért utazom Olaszországba, ___ ___ ___ nagyon szeretem az olasz művészetet, és ___ ___ ___ gyakoroljam a nyelvet. Drága ez a szálloda?

2. Alakítsa át a kérdéseket függő kérdésekké!

Szeretném tudni, hogy
- ... drága-e ez a szálloda ...
- ... mennyibe kerül egy szoba .. — Mennyibe kerül egy szoba?
- .... — Van uszoda?
- .... — Szabad állatot bevinni?
- .... — Mikor van a reggeli?

Kíváncsi vagyok, hogy
- .... — Miért haragszol?
- .... — Nem akarsz hazamenni?
- .... — Nincs kedved táncolni?
- .... — Kit szeretsz?
- .... — Jól érzed magad?

3. Bővítse a mondatsorokat a megadott elemekkel! Mind a hármat használja egyszer mindegyik mondatsorban!

-ért
miatt
kedvéért

(1) A barátom kijött a repülőtérre. Megborotválkozott. Elkésett a munkahelyéről.
A barátom kijött értem a repülőtérre. Megborotválkozott a kedvemért. Elkésett miattam a munkahelyéről.

(2) Elmegyek a szállodába. Elmegyek a klubba. Nem látom a meccset.

(2 2) A fiúk elmentek a kollégiumba. Egész este sétáltak az esőben. Megfáztak.

(3 3) Vendégeim jönnek. Szabadságot veszek ki. Kocsit bérelek. Kimegyek a pályaudvarra.

4. Alkosson mondatokat a képeknek megfelelően!

.... *Nincs villany.* ....

5. Egészítse ki a szövegeket a hiányzó szavakkal és végződésekkel, majd mondjon el (és/vagy írjon le) egy hasonló történetet saját tapasztalatai alapján!

a) A múlt hét. . . elroml. . . a televízióm. Felhív. . . telefonon a tévészerelőt. Ő . . .kérdezte tőlem, hogy __ __ __ a készülék baja. Én nem tudtam megmond. . . neki. Csak azt láttam, __ __ __ nincs kép. A tévészerelő megígér. . ., hogy másnap délután kijön. Én mindig délután dolgoz. . ., ezért __ __ __ (kivesz) egy nap szabadságot. Egész délután otthon vártam. Végül 7 óra előtt néhány perc. . . megérkez. . .. Amikor meglátta a készüléket, nevetni kezd. . ., és megkérdezte, hogy a tévém villany nélkül működik-. . .. Először nem ért. . . a kérdését, de hamarosan nekem is nevet. . . kellett. Kiderült, hogy a feleségem takarítás közben kihúzta a dugót a konnektor. . ..

b) Tavaly vettem egy új hűtőszekrény. . .. Miután __ __ __ (hazavisz), elhelyeztem a konyha. . ., bedugtam a dugót a konnektor. . .. Nem történ. . . semmi sem, a hűtőszekrény nem működ. . .. Telefonáltam a szervizbe. Küldtek egy szerelő. . ., aki megnéz. . . a készüléket, és megállapít. . ., hogy ki __ __ __ cserélni, mert rossz a motor. . .. De ő nem tud. . . elvinni, mert egyedül jött. Csak másnap küldtek __ __ __ egy autót két emberrel. Ugyanakkor hoztak egy másik hűtőszekrényt. Szerencsére ez már jó __ __ __.

Önnek sohasem volt problémája különböző készülékekkel? Mondja el/Írja le, mi volt a baj velük, és mit csinált!

JEGYZETEK

A

12. LECKE

Mikor kezdett sportolni?

Magyarországon a legnépszerűbb sport a futball. Sokan játsszák, és még többen nézik. Sok szurkolójuk van a kosárlabdacsapatoknak is. Azonban a labdajátékokban a magyar csapatok régóta nem értek el komoly nemzetközi sikert, nem nyertek világbajnokságot, olimpiát. A világbajnokságokon és az olimpiákon Magyarország számára az aranyérmeket általában az úszók, öttusázók, vívók, tornászok szerzik.

Miklós riportot készít a junior öttusázók edzőjével. A csapat a legközelebbi világbajnokságra készül.

❑ Mit vár a csapattól a világbajnokságon?

○ Mindenképpen azt várom, hogy a csapat az első három közé kerüljön, és egyéniben is legalább egy érmet szerezzünk.

❑ Kinek van esélye erre a csapat tagjai közül?

○ Azt hiszem, mind a három versenyzőnk a legjobbak közé tartozik a világon, de Alföldi Ádám még nem elég tapasztalt, nincs elég rutinja, ezért tőle nem lehet érmet várni. A másik két versenyzőm az aranyéremre is esélyes.

Az edző nem ok nélkül volt optimista, a csapat megnyerte a világbajnokságot, és egyéniben is magyar győzelem született. Az edző csak abban tévedett, hogy ki lesz a legjobb magyar versenyző. Az aranyérmet ugyanis Alföldi nyerte. Miklós a repülőtéren várta a magyar csapatot, és azonnal riportot készített az új junior világbajnokkal.

❑ Mindenekelőtt gratulálok a győzelméhez. Nehéz volt?

● Egy világbajnokság mindig nehéz.

❑ Kik voltak a legerősebb ellenfelei?

● Saját csapattársaim és az olasz versenyzők.

❑ Mikor érezte először, hogy győzhet?

● Amikor az úszás után az első helyre kerültem, tudtam, hogy nem fognak legyőzni.

❑ Mikor kezdett sportolni?

● Hatéves koromban. Először öt évig úsztam, és csak tizenegy éves koromban kezdtem el három-, illetve öttusázni.

❑ Melyik számot gyakorolja a legtöbbet?

● A lovaglást, ugyanis ebben a leggyengébbek az eredményeim.

❑ Hány edzése van egy héten?

● Nem szoktam számolni. Mindennap van három vagy négy. Hetente háromszor szoktam lovagolni, négyszer vívni, ötször szoktam futni, és mindennap úszom.

❑ Hánykor szokott felkelni és lefeküdni?

● Reggel fél hatkor kelek, és általában este tízkor fekszem le.

❑ Mit szokott csinálni a szabadidejében?

● Szabadidő? Mit jelent ez a szó?

86

1.

| futball | kosárlabda | kézilabda | röplabda | pingpong | tenisz | vízilabda | jégkorong |

| atlétika (atletizál) | kerékpár | úszás | evezés | vitorlázás | szörfözés | lovaglás | birkózás |

| ökölvívás/boksz (bokszol) | vívás | céllövés (lő) | torna | síelés | korcsolyázás | súlyemelés (súlyt emel) | golf |

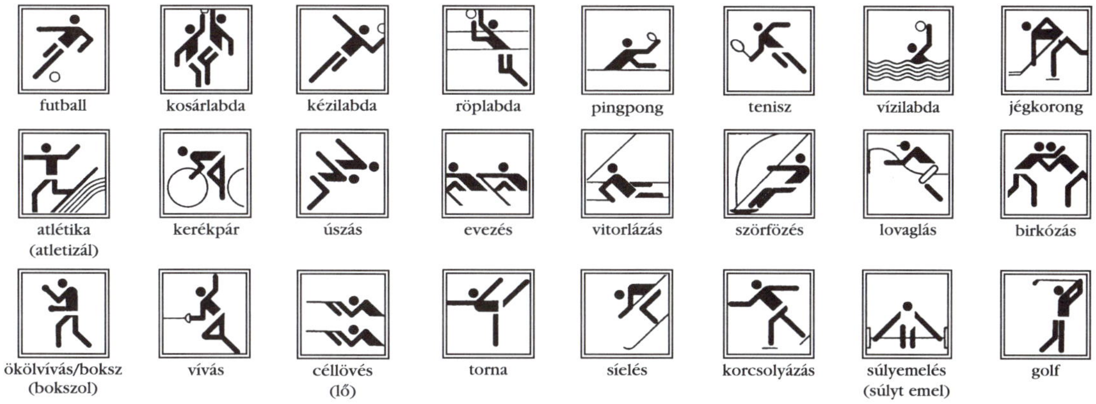

futball*mérkőzés* pingpong*verseny* úszó*verseny*

≈ kosárlabda- ≈ tenisz- ≈ vitorlázó-
  kézilabda-   kerékpár-   birkózó-
  röplabda-   golf-   ökölvívó-
  vízilabda-   torna-   vívó-
  jégkorong- ! szörf-   céllövő-
              ! sí-   súlyemelő-
               korcsolya- ! evezősverseny
                           ! atlétikai verseny

---

a)

❏ Sportol valamit?

● Az igazat megvallva, már nem. De régebben kosárlabdáztam. És ön?

❏ Én teniszezem.

● És milyen gyakran?

❏ Nem túl gyakran: hetente kétszer, háromszor. Sajnos kevés a szabadidőm.

kosárlabda → kosárlabdá*zik*
futball ⟶ futballo*zik*
tenisz ⟶ tenisze*zik*
úsz*ás* ← úszik
eve*zés* ← evez
stb.

b)

▲Szeretsz futballozni?

● Nem nagyon. Inkább kosárlabdázom. És ezenkívül nyáron vitorlázom, télen pedig, ha van hó, síelek.

▲Én sajnos nem tudok síelni, vitorlázásra pedig nincs lehetőségem. De rendszeresen futballozom és pingpongozom, és hetente legalább egyszer úszni is szoktam.

c)

○ Mit sportolsz?

■ Teniszezem.

○ Versenyzel is?

■ Igen. Egy másodosztályú csapatban játszom. És te?

○ Én lovagolok. De csak szórakozásból csinálom.

Budapest Sportcsarnok
Népstadion
margitszigeti teniszstadion
Mátra
Balaton
Duna
FTC-pálya/UTE-pálya
a BEAC csarnoka

d)

❏ Lesz valami érdekes sportesemény a hétvégén?

▼Igen. Vasárnap rendeznek egy nemzetközi úszóversenyt.

❏ Megnézed?

▼Még nem tudom biztosan. De ha lesz időm, feltétlenül kimegyek.

❏ Hol lesz a verseny?

▼A Sportuszodában.

2.

BVSC – SZOLNOK: 9 : 8
Negyedek 0:1; 2:2; 3:5; 4:0

FTC – MTK 2:1
Félidő: 0:1

BEAC – PÉCS 80:76 (35:42)

TATABÁNYA – HONVÉD 12:19
(10:13)

MAGYARORSZÁG – BULGÁRIA 4:3
Harmadok: 1:0; 0:2; 3:1

❑ Láttad a mérkőzést?
● Sajnos, nem. Milyen volt?
❑ Elég jó.
● Mi lett az eredmény?
❑ Az FTC győzött kettő egyre (2:1). Pedig félidőben még az MTK vezetett egy nullra (0:1).

3.

ugrik
Női magasugrás:
1. Fekete Edit 193 cm

100 m
1. Sebes Lajos
10.21

dob
Férfi diszkoszvetés:
1. Vastag Pál 67.25 m

Nehézsúly: Kövér Árpád
490 kg

Női 100 m-es gyorsúszás:
1. Vízi Ilona 57,2 mp

❑ Látta a versenyt?
▼ Igen, ott voltam. Egész jó volt, és néhány nagyon jó eredmény is született.
❑ Ki győzött 100 méteren?
▼ Sebes Lajos.
❑ Mennyit futott?
▼ 10.21-et. Ez a legjobb magyar eredmény ebben az évben.

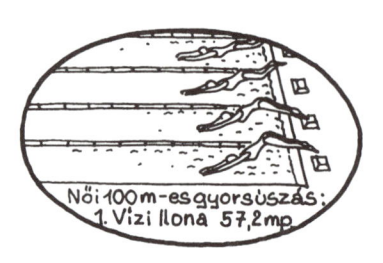

4.

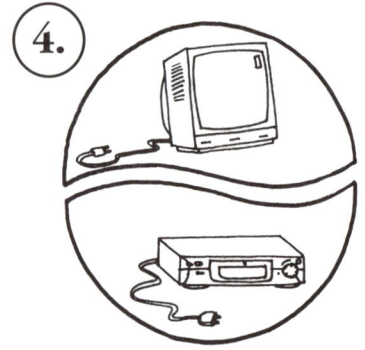

▲ Kérhetek tőled egy nagy szívességet?
● Természetesen. Miről van szó?
▲ Add kölcsön ma délutánra a kerékpárodat!

● Nagyon szívesen.
▲ Előre is köszönöm.
● Nincs mit. Örülök, hogy segíthetek.

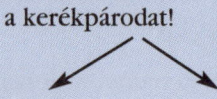

● Igazán sajnálom, de nem tudom odaadni. A bátyám elvitte.
▲ Nem baj. Majd elkérem Feritől az övét.

NYELVTAN

C

szokott -ni

Hétköznap Vera korán **szokott** felkel**ni**.
(= általában korán kel fel)

Itt { szok**tam** / szok**tál** / szok**ott** / szok**tunk** / szok**tatok** / szok**tak** } nyaral**ni**.

Itt { szok**tam** / szok**tad** / szok**ta** / szok**tuk** / szok**tátok** / szok**ták** } vár**ni a** villamost.

! (Én) itt szok**talak** vár**ni** (**téged**)/**titeket**.

! akar   vásárol – autót vásárol – megvásárol

Vásárolok.
Autót vásárolok.
Autót vásárolok.
Megvásárolom az autót.
Most vásárolok autót.
Most vásárolom meg az autót.
Nem vásárolok.
Nem vásárolok autót.
Nem autót vásárolok.
Nem vásárolom meg az autót.
Nem most vásárolok autót.
Nem most vásárolom meg az autót.

Vásárolni akarok.
Autót akarok vásárolni.
Autót akarok vásárolni.
Meg akarom vásárolni az autót.
Most akarok autót vásárolni.
Most akarom megvásárolni az autót.
Nem akarok vásárolni.
Nem akarok autót vásárolni.
Nem autót akarok vásárolni.
Nem akarom megvásárolni az autót.
Nem most akarok autót vásárolni.
Nem most akarom megvásárolni az autót.

≈ tud, szeretne, kell, lehet, fog, szokott stb. -ni

SZAVAK

IGÉK
dob
elkér
gratulál
győz
kosárlabdázik
legyőz
lő
megnyer
nyer
öttusázik
sportol
számol
szokott
tartozik
versenyez
vív

FŐNEVEK
aranyérem
birkózó
csapat
csapattárs
edzés
eredmény
érem
esély
futás
futball
győzelem
kerékpár
konditerem
kosárlabda
labdajáték
lehetőség
maratoni
mérkőzés
olimpia
öttusázó
sport
sportesemény
szabadidő
szurkoló
tag

tornász
úszó
verseny
versenyző
világbajnok
világbajnokság
vívó

MELLÉKNEVEK
egyéni
esélyes
fejlett
junior
optimista
tapasztalt

EGYÉB SZAVAK
feltétlenül
hetente
kívül
mindenképpen
régebben

KIFEJEZÉSEK
sikert ér el
bajnokságot nyer
érmet szerez
vmit vár vkitől
esélye van vmire
esélyes vmire
vkik közé tartozik
van/nincs rutinja vkinek
nem ok nélkül
megnyer egy mérkőzést/
    versenyt/bajnokságot
vmilyen győzelem születik
Milyen gyakran?
lehetősége van vmire
szórakozásból csinál vmit
a sportból él
rajta kívül
egy nullra vezet
részt vesz vmiben/vmin

1. Egészítse ki a mondatokat a *szokott* ige megfelelő alakjával!

D

szokott
{ Hol ___ ___ ___ nyaralni? (👤²) Ki ___ ___ ___ nálatok főzni? Mennyi borravalót ___ ___ ___ adni? (👤³👤³) Én nem ___ ___ ___ kávét inni. Előre meg ___ ___ ___ venni a vonatjegyünket. Mikor ___ ___ ___ meglocsolni a virágokat? (👤²👤²) Itt mindig sokan ___ ___ ___ síelni. Júniusban meleg ___ ___ ___ lenni. Önök hogyan ___ ___ ___ megünnepelni a karácsonyt? Itt ___ ___ ___ parkolni. (👤¹👤¹) Nem ___ ___ ___ tévedni? (👤³) Én is szódával ___ ___ ___ inni a vörösbort. Önök mit ___ ___ ___ enni karácsonykor? Mindig ez a szerelő ___ ___ ___ javítani a tévénket. Gyakran meg ___ ___ ___ látogatni a szüleidet? }

2. Alakítsa át a szöveget! Minden rész mondataiban használja az ott megadott segédigét!

szokott
Reggel **korán** kelek fel. Elkészítem a teámat, és megreggelizem. A teába nem teszek cukrot, **keserűen** iszom. **Hétkor** indulok munkába.
Reggel **korán** szoktam felkelni. El szoktam ....

kell
Ma nem kelek korán. Nem dolgozom, ugyanis szombat van. Délután meglátogatom a szüleimet. Délelőtt elmegyek egy áruházba, és veszek valami ajándékot az apámnak, mert ma van a születésnapja.

akar
Az áruházba elég korán megyek, nem töltöm ott az egész délelőttöt. Találkozom a barátnőmmel is. Megbeszélem vele az esti programunkat.

szeretnék
Ma este színházba megyek vele. Egy új magyar darabot nézek meg. Az előadás után nem megyek haza, hanem beülök a barátnőmmel egy kellemes étterembe, és megvacsorázom.

tud
Az áruházba csak 10 órakor megyek el. Sajnos nem veszem meg a nyakkendőt, mert az eladó nem mutat igazán szépet. De nem baj, veszek egy pár szép kesztyűt, ez is jó ajándék.

fog
Délután nem maradok végig a szüleimnél. Elviszem az autót egy szerelőhöz, aki hétfőre megjavítja. Ma taxin megyünk a színházba, vasárnap otthon maradok, de hétfőn vidékre utazom.

3. Egészítse ki a szöveget a hiányzó szavakkal és végződésekkel!

Magyarországon a versenysport nagyon fejlett. Ezt mutat... az olimpiák eredmény... is; a magyar sportoló... eddig 141 aranyérmet nyertek, 1992-ben például Barcelonában tizenegy... .. A leghíres... magyar sportolókat a világ minden rész... ismerik. Ezeknek a sportolóknak az élet... nem könnyű; nagyon sokat kell gyakorol... ahhoz, hogy a legjobbak közé kerüljenek. Hétköznap reggeltől estig edzéseik ___ ___ ___, és vasárnap sem pihenhet... .. De nekik ez a foglalkozás... .. Azonban csak a legjobbak él... a sportból. Rajtuk kívül sok százezer fiatal sportol a klubokban, ___ ___ ___ közel húszezer edző vezet... az edzéseket.

Természetesen nemcsak a klubok tag... sportolhatnak. Az úgynevezett szabadidősport mindenki ___ ___ ___ fontos. Nyár... sokan úsznak, szörföznek, eveznek; tavasz... és ősz... kirándulnak; tél... pedig síelnek és korcsolyáznak. Egyre több... teniszeznek, vagy látogat... a konditermeket. És egyre népszerűbb Magyarországon is a ...olcsóbb és talán legegészségesebb sport, a futás is. Fut... nemcsak a sportpályákon lehet, hanem a parkok..., az erdőkben is. Bár nálunk még nem futnak annyian, ___ ___ ___ sok más országban, évről évre több fiatal – és kevésbé fiatal – vesz részt a maratonin, amelyet minden évben tavasszal rendeznek Budapest utcáin és a város környékén.

4. Alkosson mondatokat a piktogramok alapján a megadott segédigék felhasználásával!

(nem) { tudok, szoktam, szeretek, szeretnék, akarok, fogok

Nem tudok futballozni   _Szeretek_

JEGYZETEK

13. LECKE

Szívből gratulálok!

- ❑ Megengedi, hogy feltegyem a bőröndjét?
- ● Köszönöm. Nagyon kedves.
- ❑ Szabad kérdeznem, hova utazik?
- ● Szemesre. Két hétre megyek üdülni.
- ❑ Remélem, jó ideje lesz ... Engedje meg, hogy bemutatkozzam! Zalai Tibor kertészmérnök vagyok.
- ● Dávid Krisztina. Maga is nyaralni megy?
- ❑ Nem, én Lellén élek. Tudja, szőlőt és gyümölcsöt termesztek, így én nem nagyon szoktam nyaralni. A nyári hónapokban ugyanis rengeteg a munka.
- ● Csak nem azt várja, hogy sajnáljam? Aki a Balatonnál él, az mindig nyaral, bármikor úszhat, napozhat, vitorlázhat.

- ● Jaj, készülődnöm kell! Szemes következik.
- ❑ Tényleg. Egy ilyen bájos útitársnővel repül az idő.
- ● Na, csak ne udvaroljon!
- ❑ De azért megengedi, hogy meglátogassam Szemesen? Elviszem vitorlázni.
- ● Az jó lesz.
- ❑ Addig is érezze jól magát! ... Várjon, segítek a leszállásnál.

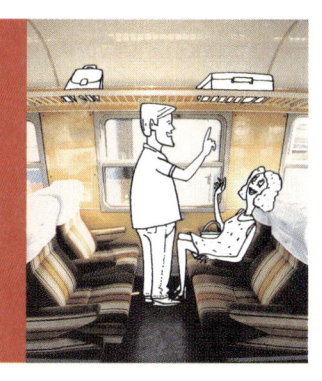

- ❑ Lányok, nagy újság van! Nősülök. Szombaton lesz az esküvőm, ezért már csütörtöktől szabadságra megyek.
- ● Micsoda? És ezt eddig titokban tartottad? Szívből gratulálok! Mesélj! Kit veszel el?
- ▲ Én sejtem, hogy ki a menyasszony. Az, aki többször is keresett telefonon. Várj csak ... Molnár Ildikó, igaz?
- ❑ Eltaláltad. Ha kíváncsiak vagytok rá, megmutathatom a fényképét. Tessék!

- ● Nagyon helyes lány.
- ▲ És milyen jó alakja van! Mivel foglalkozik?
- ❑ Van egy kis divatboltja Budán. Elég jól megy. Nemcsak ruhát, hanem kozmetikai cikkeket is árul.
- ▲ Nahát! Szerencsés ember vagy. És nagy esküvő lesz?
- ❑ Igen. A templomi esküvő után igazi falusi lakodalom lesz az apósomék házában.
- ● Reméljük, meghívsz minket is. Akkor kapsz tőlünk valami gyönyörű nászajándékot.
- ❑ Hát persze. Ezzel akartam kezdeni, de ti nem hagytatok szóhoz jutni.

B

1.

Balog Ilona és Kertész Sándor

Szeretettel meghívjuk Önt és kedves családját esküvőnkre, melyet 1999. április 1-jén este 6-kor tartunk a Bakáts téri templomban.

- ❏ Hallottad, hogy férjhez megyek? Jövő hónapban lesz az esküvőm.
- ● Gratulálok. És ki a vőlegényed? Ismerem?
- ❏ Nem hiszem. Egy nyelvtanfolyamon ismerkedtünk meg. Kertész Sándornak hívják, 26 éves.
- ● Mióta jártok együtt?
- ❏ Egy éve.
- ● Mivel foglalkozik?
- ❏ Gépészmérnök. Most még nem keres túl jól, de nagyon jó szakember.
- ● És milyen férfi? Jóképű?
- ❏ Nekem tetszik, és az a fontos. Nem?
- ● Persze. És hol fogtok lakni?
- ❏ Egyelőre Sanyi szüleinél.

Dr. Jakab László
38 éves, elvált, kopasz

Sallai Judit
31 éves, műszaki fordító, okos

Dömötör Gizella
23 éves, óvónő, nagyon csinos

Antonio Pitti
40 éves, olasz edző, gazdag

Dísztávirat

Házasságkötésetek alkalmából szívből gratulálunk, és sok boldogságot kívánunk

Feriék

Dísztávirat

Fiatok születéséhez sok szeretettel gratulálunk, és minden jót kívánunk

Molnár család

2.

▲ Nincs kedved eljönni velem valahova ma este?

■ De igen. Miért ne? Menjünk el táncolni!

▲ Hova menjünk? Diszkóba vagy az egyetemi klubba?

■ Inkább a klubba. A diszkót ugyanis nem szeretem.

▲ Akkor találkozzunk fél kilenckor az egyetem előtt!

■ Rendben van. Ott leszek.

HÉV-állomás reggel 8 / János-hegy Dunakanyar	Moszkva tér de. 10 / Gellért fürdő Komjádi uszoda	M este 8 / Könnyűzene Komolyzene	Hősök tere de. 11 / Nemzeti Múzeum Szépművészeti Múzeum
kirándul	úszik	koncert	múzeum

3.

❏ Ráérsz szombat este?

● Miért?

❏ Van két színházjegyem. Eljöhetnél velem.

● Ne haragudj, de nem tudok elmenni, ugyanis vendégek jönnek hozzánk, és illik otthon lennem.

❏ Kár. Igazán sajnálom.

● Talán majd máskor. Mindenesetre köszönöm a meghívást.

mozi — takarítani, mosni kell	koncert — tanulni kell	buli — egy gyerekre kell vigyázni

NYELVTAN

..., és ... nemcsak..., hanem ... is ..., ... pedig ...	Odamentem a pénztárhoz, **és** megvettem a jegyet. Judit **nemcsak** angolul beszél, **hanem** németül **is**. A bátyám edző, a húgom **pedig** középiskolás.
..., ezért ... ..., így ...	Esik az eső, **ezért** otthon maradunk. Egész héten sokat dolgoztam, **így** nagyon fáradt vagyok.
..., ugyanis ...	Nagyon fáradt vagyok, **ugyanis** egész héten sokat dolgoztam.

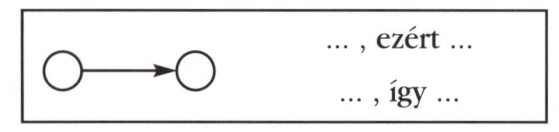

az..., { aki...
ami... }

Az a sógorom, aki most száll ki az autóból.
akinél fekete táska van.

Azt várom, aki most száll ki az autóból.
akinél fekete táska van.

≈ Beszélni akarok azzal, aki...

≈ Hol van az, ami ebben a dobozban volt?
   Azt keresem, ami ebben a dobozban volt.
          amire szükségem van.
          stb.

SZAVAK

IGÉK
árul
eltalál
foglalkozik
mesél
nősül
sejt
termeszt
udvarol

FŐNEVEK
alak
alkalom
cikk
dísztávirat
divatbolt
értesítés
esemény
esküvő
házasság
házasságkötés
kertészmérnök
koncert
kozmetika
lakodalom
leszállás
meghívó
nászajándék
nyelvtanfolyam
pár
szakember
titok
útitársnő
válás
vers

MELLÉKNEVEK
bájos
falusi
helyes
hivatalos
jóképű
későbbi
kopasz
kötelező
polgári
ritka
szerencsés

EGYÉB SZAVAK
bármikor
egyelőre
mindenesetre
rendkívül

KIFEJEZÉSEK
Szívből gratulálok.
Szabad kérdeznem, …?
repül az idő
Addig is …
szabadságra megy
titokban tart vmit
elvesz vkit
telefonon keres vkit
Várj csak!
jó alakja van vkinek
Mivel foglalkozik?
Jól megy a bolt.
kozmetikai cikk
polgári esküvő
templomi esküvő
Hát persze.
vki szóhoz jut
nem hagy vkit szóhoz jutni
műszaki fordító
vminek az alkalmából
Minden jót kívánok.
házasságot köt

D

1. Írja be a hiányzó kötőszókat!

..., és
nemcsak...,
hanem ... is
..., ... pedig

Júniusban külföldön leszek, júliusban __ __ __ a Balatonnál fogok nyaralni. __ __ __ a féklámpa rossz, __ __ __ a bal fényszóró __ __ __. A sofőr túl gyorsan vezetett, __ __ __ átment a piroson. __ __ __ a ruhák lettek vizesek a táskában, __ __ __ az ennivaló __ __ __. A nővérem egy bankban dolgozik, az öcsém __ __ __ középiskolába jár. Otthon felejtettük a fürdőruhákat, __ __ __ esőkabátot sem hoztunk.

**2. Alkosson összetett mondatokat a megadott kötőszók felhasználásával!
(Egy-egy mondatsor alapján minél többet!)**

..., ezért ...
..., így ...

Lejárt a jogosítványom. Meg kell újítanom. El kell mennem a rendőrségre.
Meg kell újítanom a jogosítványomat, ugyanis lejárt.
Lejárt a jogosítványom, így meg kell újítanom.
El kell mennem a rendőrségre, ugyanis lejárt a jogosítványom.

Miklósék külföldön akarnak nyaralni. Szobát kell foglalniuk. Elmennek egy utazási irodába.

..., ugyanis

A gyerekek otthon felejtették az esőkabátjukat. Nagyon megáztak. Betegek lettek.
A csapat rosszul játszott a mérkőzésen. Nem sikerült győznie. Nem indulhat a világbajnokságon.
Szombaton már külföldön leszünk. Nem tudunk elmenni az esküvőre. Dísztáviratot kell küldenünk.

3. Írja be a rámutató és kötőszók megfelelő alakját!

az..., aki...
az..., ami...

Nem érdekel senkit az, __ __ __ mesélsz. Megismerkedtem az..., __ __ __ olyan sokat hallottam tőled. Nekem legjobban az ízlik, __ __ __ te főzöl. Zoli most az... jár, __ __ __ már régóta udvarolt. Az egész család szeretni fogja az..., __ __ __ feleségül veszel. Azok szálltak be a buszba, __ __ __ nem szeretnek gyalogolni. Miklós nem örült az..., __ __ __ a felesége mondott. Meg akarjuk ismerni azok..., __ __ __ együtt dolgozol. Hagyjátok ki a leckéből az..., __ __ __ nem fontos! A nagymama sem engedi meg az..., __ __ __ a szülők megtiltottak. Azok... várjuk, __ __ __ a későbbi vonattal érkeznek.

4. Egészítse ki a szöveget a hiányzó szavakkal és végződésekkel, majd írja le (és/vagy mondja el), milyen egy tipikus esküvő az ön hazájában!

a) A házasságkötés minden ember élet... fontos esemény. Magyarországon elég sok... kötnek házasságot fiatal kor..., 20 és 25 év __ __ __. Sajnos azonban rendkívül nagy a válások szám... is, __ __ __ nem ritka az, ha valaki két..., három... köt házasság... Az esküvőt mindenki úgy rendez..., ahogy akarja. A házasságkötés hivatalos rész..., a polgári esküvő minden pár __ __ __ kötelező. A polgári esküvő mellett sokan tart... templomi esküvőt is, különösen vidék.... Az esküvő előtt szokás meghívót vagy esküvői értesítést küld... a barátok..., ismerősök.... Az esküvő után a vendégek gratulálnak az új pár.... Vidéken gyakran rendeznek nagy lakodalmat, ahova ötven-száz vagy még több vendég... is meghív.... Még sok vidéken ma is élnek a régi esküvői szokások, esküvői dalok, versek.

b) A házasságkötés / Az esküvő nálunk ....

5. Keresse meg az összetartozó szavakat, és alkosson velük mondatokat!

dísztáviratot	vesz
házasságot	ad
lakodalmat	küld
nászajándékot	megy
férjhez	köt
feleségül	tart

JEGYZETEK

14. LECKE

Az álláshirdetésre jöttem

❑ Már megint nem találtam semmi jó álláshirdetést az újságban.
● Hát persze, mert nem értesz semmihez. Ha tanultál volna valamilyen szakmát, vagy legalább jogosítványod volna, könnyebben találnál magadnak munkát.
❑ Azt azért ne mondd, hogy semmihez sem értek! Van érettségim, elég jól tudok angolul, és számítógépet is tudok kezelni. Emellett erős vagyok, és nem félek a fizikai munkától.
● Hm ... Ez igaz. De akkor miért nem találsz magadnak állást?

❑ Azért, mert csak napi öt-hat órás munkaidőben akarok dolgozni. Ha nyolcórás munkát vállalnék, akkor nem tudnék készülni az egyetemre. Jövőre pedig mindenképpen be akarok jutni.
● Akkor menj el takarítani! Takarítót sok helyen keresnek napi négy-hat órára.
❑ Takarítani? Fogalmam sincs, hogy kell takarítani. Azt sem tudnám, hogy fogjak hozzá.
● Na látod, hogy nem értesz semmihez!

Állás

Külkereskedelmi vállalat keres ügyes, fiatal titkárnőt. Legalább 3 éves gyakorlat és német nyelvtudás szükséges. Jelentkezés személyesen, önéletrajzzal.

▲ Jó napot kívánok! Az álláshirdetésre jöttem.
○ Tessék parancsolni! Foglaljon helyet! Önéletrajzot hozott?
▲ Igen, itt van. Parancsoljon!
○ Köszönöm ... Lássuk csak! Szóval közgazdasági szakközépiskolát végzett, gépelni, gyorsírni tud. Nagyon jó! A német nyelvtudása milyen?
▲ Középfokú.
○ Hát ... Jobb volna, ha felsőfokú lenne. Sok fordítási munkája lesz, és tárgyalásokon is részt kell vennie ...
▲ Én is jobban szeretném, ha felsőfokon tudnék. De még elég fiatal vagyok, van időm fejleszteni a nyelvtudásomat.
○ Számítógépet tud kezelni?
▲ Igen. Az előző munkahelyemen is sokat dolgoztam szövegszerkesztővel.

○ Megkérdezhetem, hogy miért hagyta ott az előző munkahelyét?
▲ Egyszerűen azért, mert unalmas és gépies volt a munkám. Ráadásul a munkaidőm túlságosan kötött volt, a fizetésem pedig alacsony.
○ Itt elég változatos lesz a munkája. Ami a munkaidőt illeti, nos, az nem egészen kötött. Néha esténként vagy hétvégén is kísérnie kell majd az ügyfeleket. Férjnél van?
▲ Nem. De remélem, nem tilos férjhez mennem.
○ Nem, dehogy! És a fizetéssel elégedett lesz.

1.   B

| Keresünk fiatal férfit 25–30 év között, akinek legalább 3 éves gyakorlata van személy és teherautó-vezetésben, és ért az autószereléshez. | Vegyes vállalat keres titkárnőt 30 és 40 év között, aki jól gépel és gyorsír. Angol vagy német nyelvtudás szükséges. | Új zenekarunkba keresünk 18–25 éves fiút, aki jól énekel és gitározik. Lehetőleg érettségivel. | Óvoda keres 35–50 éves rendes, ügyes nőt érettségivel, aki jól főz, és ért a gyerekekhez. Német nyelvtudás szükséges. |

	Zoli 28	Kati 22	Feri 23	Márta 39	Zsuzsa 51	Péter 26	Sándor 42
autót vezet	+	+	+	–	–	+	+
teherautót vezet	+	–	–	–	–	–	+
autót szerel	+	–	–	–	–	+	+
gépel	–	+	–	+	+	–	–
gyorsír	–	–	–	+	–	–	–
számítógépet kezel	–	+	–	–	–	–	–
énekel	–	–	+	–	+	–	–
zongorázik	–	+	–	–	+	+	–
gitározik	+	–	+	–	–	+	+
beszél angolul	–	–	+	+	–	–	–
beszél németül	–	+	–	+	+	–	–
jól főz	–	–	–	+	+	–	+
érettségi	–	+	+	+	–	+	–

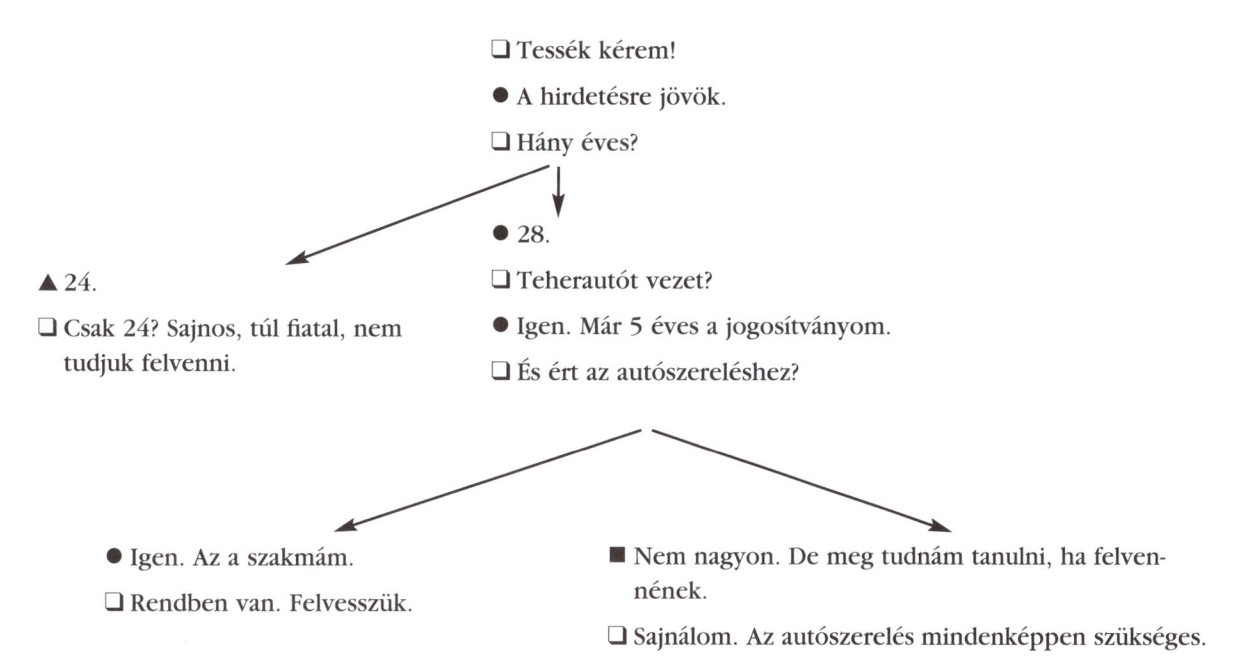

❑ Tessék kérem!

● A hirdetésre jövök.

❑ Hány éves?

● 28.

❑ Teherautót vezet?

▲ 24.

❑ Csak 24? Sajnos, túl fiatal, nem tudjuk felvenni.

● Igen. Már 5 éves a jogosítványom.

❑ És ért az autószereléshez?

● Igen. Az a szakmám.

❑ Rendben van. Felvesszük.

■ Nem nagyon. De meg tudnám tanulni, ha felvennének.

❑ Sajnálom. Az autószerelés mindenképpen szükséges.

2.

❏ Látom, lottózol. Mit csinálnál, ha nyernél néhány milliót?

● Hogy mit csinálnék? Talán vennék egy jó kocsit, és utaznék. Végigjárnám Európát.

| nyaralót vesz | üzletet nyit | vitorláshajót vesz | lovasiskolát nyit |
| horgászik | árul | | |

3.

▲ Engedje meg, hogy negyvenedik születésnapján megkérdezzem, elégedett-e az életével?

○ Hát, nem mondhatnám. Ha még egyszer kezdhetném az életemet, nem lennék színésznő.

▲ Megmondaná, hogy miért?

○ Először is, ritkán kapok jó szerepeket, és keveset keresek. Ráadásul nincs magánéletem, reggeltől estig a színházban vagy filmstúdiókban dolgozom.

❏ És mit csinálna, ha 20 éves lenne?

○ Férjhez mennék egy gazdag férfihoz, szülnék 3-4 gyereket, és a családomnak élnék.

	Mi nem tetszik?	Mit szeretne?
színésznő	nem kap jó szerepeket kevés pénz nincs magánélete	gazdag férj, 3-4 gyerek
öttusázó	rengeteg edzés semmi másra nincs idő rövid a pálya, csak 30-35 éves korig	valami jó szakma sikeres üzletember
orvos	soha nincs nyugodt szabadideje sok idegesség sok emberen nem tud segíteni	vidékre menni, gazdálkodni
politikusnő	sokan ismerik nincs magánélete fél az újságíróktól, riporterektől	nyugodt, csendes foglalkozás, pl. óvónő sok szabadidő

NYELVTAN

-na/-ne

Ha gazdag **lenne**, Béla szállodában **aludna**.

(volna)
(de nem gazdag)

Ha gazdag **lett volna**, Béla szállodában **aludt volna**.

(de nem volt gazdag)

1	vár**nék**	vár**nám**		1	kér**nék**	kér**ném**
2	vár**nál**	vár**nád**		2	kér**nél**	kér**néd**
3	vár**na**	vár**ná**		3	kér**ne**	kér**né**
1 1	vár**nánk**	vár**nánk**		1 1	kér**nénk**	kér**nénk**
2 2	vár**nátok**	vár**nátok**		2 2	kér**nétek**	kér**nétek**
3 3	vár**nának**	vár**nák**		3 3	kér**nének**	kér**nék**

vár**nálak**

kér**nélek**

tan*ít* → tan*ít***ana**
kész*ít* → kész*ít***ene**
mo*nd* → mo*nd***ana**
é*rt* → é*rt***ene**
stb.

! tesz ⟶ tennék ≈ vesz, visz, hisz, eszik, iszik
 stb.

van (lesz) ⟶ lennék/volnék
 stb.

vártam	vártam	kértem	kértem	
vártál	vártad	kértél	kérted	} volna
várt	várta	kért	kérte	
stb.	stb.	stb.	stb.	

103

SZAVAK

IGÉK
bejut
elsajátít
fejleszt
gazdálkodik
gyorsír
hajt
hozzáfog
illet
kísér
lottózik
megszeret
otthagy
szül
zongorázik

FŐNEVEK
álláshirdetés
felsőfok
filmstúdió
fizetés
fogalom
fordítás
hirdetés
idegesség
ismeret
jelentkezés
magánélet
munkaidő
munkanélküli
munkanélküliség
nyelvtudás
óvoda
szakközépiskola
szakma
számítógép
szövegszerkesztő
takarító
tantárgy
tárgyalás
ügyfél
üzlet
változás

MELLÉKNEVEK
elégedett
elméleti
előző
felsőfokú
fizikai
gépies
gyakorlati
idegen
ideges
idős
kötött
középfokú
politikai
rendes
sikeres
személyes
társadalmi
változatos

EGYÉB SZAVAK
annyi
emellett
esténként
jövőre
nos
ráadásul
túlságosan

KIFEJEZÉSEK
számítógépet kezel
fizikai munka
nyolcórás munka
munkát vállal
elmegy vmit csinálni
   (= vmilyen munkát vállal)
fogalma sincs vmiről
nem tudja, hogy fogjon hozzá
   vmihez
Na látod!
közgazdasági szakközépiskola
fordítási munka
felsőfokon tud vmit
kötött munkaidő
ami __ __ __t illeti
hát, nem mondhatnám
Először is, ...
segít vkin
üzletet nyit
elmegy vminek (dolgozni)
idősebb korában
állást kap
idegen nyelv

D

1. Keresse meg a logikus feltételt a képek alapján!

... *Ha magas lázam van* ......, kihívom az orvost.

..............................., síelni megyünk a hétvégén.

..............................., telefonálunk a tévészerelőnek.

..............................., nem vesszük meg ma a jegyeket.

..............................., meg kell hosszabbíttatnod.

2. Egészítse ki a mondatokat a hiányzó igékkel és végződésekkel!

én { Ha tud*nék* gépelni, elmehet... titkárnőnek. Ha lenne nálam emelő, kicserél... a kereket. Ha bort ___ ___ ___ (iszik), ma már nem vezethet.... Ha várnál egy kicsit, elkísér... a pályaudvarra.

te { Ha rendszeresen néz... a hirdetéseket, biztosan talál... magadnak munkát. Ha megtanul... teherautót vezetni, többet keres.... Ha megismer... a barátainkat, megszeret... őket. Ha sportol... valamit, nem ___ ___ ___ ilyen kövér.

ő / ön { Ha nem dolgoz... annyit, nem ___ ___ ___ ilyen ideges. Ha Zoli feleségül ___ ___ ___ (vesz) Zsuzsát, a család nagy lakodalmat rendez.... Ha a riporter ügyesebben kérdez..., érdekesebb ___ ___ ___ a riport. Ha jobban figyel..., nem követ... el ennyi hibát.

mi { Ha kocsival ___ ___ ___ (megy), nem áz... meg. Ha itthon marad..., jobban tölt... a szabadságunkat. Ha kevesebbet dolgoz..., többet foglalkozhat... a gyerekekkel.

ti { Ha meglátogat... a nagymamát, nagyon örülne. Ha Ausztriában dolgoz... néhány hónapig, fejleszthet... a nyelvtudásotokat. Ha ___ ___ ___ (elmegy) a buliba, jól szórakoz.....

ők / önök { Ha nem ___ ___ ___ (eszik) ilyen sok húst, jobban érez... magukat. Ha egy héttel elhalaszt... a kirándulást, a lányok is el tud... menni. Ha előszezonban ___ ___ ___ (megy) el nyaralni, kevesebbet fizet..... Ha ___ ___ ___ (iszik) egy kis kávét, nem ___ ___ ___ álmosak.

3. Alakítsa át a következő mondatokat feltételes mondatokká!

Nem vettem észre a táblát, így tilosban parkoltam.
Ha észrevettem volna a táblát, nem parkoltam volna tilosban.
Nem hallgattuk meg az időjárás-jelentést, így nem vittünk esőkabátot.
A teherautó vezetője nem figyelt, ezért balesetet okozott.
Nincs jogosítványod, így nem vettek fel a vállalathoz.
Nem foglaltatok időben szobát, ezért nem találtatok jobb helyet.
Túl gyorsan hajtottál, így a rendőr megbüntetett.

105

4. Egészítse ki a szöveget a hiányzó végződésekkel, majd mondja el (és/vagy írja le), milyen a helyzet a munkanélküliség terén az ön hazájában!

Magyarországon az 1980-as évek... még alig volt munkanélküliség. Azután azonban a társadalmi és politikai változások... együtt egyre nőtt a munkanélküliek szám.... Ma sok ember... idősebb korában kell új szakmát tanul..., hogy elhelyezkedhet... egy új munkahely.... Egyre nehéz... kapnak állást azok a fiatalok is, akik... csak érettségi.... van. Ezért sok gimnáziumban az elméleti tantárgyak mellett a diákok valamilyen gyakorlati ismeretet is elsajátíthat..., pl. megtanulhatnak autót vezet..., számítógépet kezel... vagy gépel.... Így érettségi __ __ __ több lehetőség... van arra, hogy megfelelő munkát kap.... Azok is jobb helyzetben vannak, akik jó... tudnak egy-két idegen nyelv..., a nyelvtudásra __ __ __ sok munkahelyen szükség van. Aki... viszont nincs semmilyen szakmája, nem ért semmi..., az... csak a nehéz fizikai munka marad. Ha marad.

JEGYZETEK

15. LECKE

Én igazán igyekszem

- Beszélhetnék az igazgató úrral?
- △ Egy pillanat ... Igazgató úr! Molnár úr szeretne beszélni önnel ... Igen, beküldöm ... Tessék bemenni!
- ❑ Jöjjön csak, kolléga! Foglaljon helyet! Miben segíthetek?
- Arról van szó, hogy a jövő héten megnősülök. Kedden lesz az esküvőm.
- ❑ Igazán? Hát ez nagyszerű! Őszintén gratulálok!
- Köszönöm ... Szóval, az a helyzet, hogy szeretnénk elmenni nászútra. Két hétre elutaznánk Olaszországba.

❑ Nagyon helyes. És mikor akarnak utazni?
- Természetesen rögtön az esküvő után. A nászút ...
❑ A jövő héten?! Ez lehetetlen! Nagyon csodálkozom magán, Molnár úr. Tudja, hogy a jövő héten jönnek a japán vendégek. Ön nélkül hogy mutassuk be az új műhelyt nekik?
- Igen, értem. De hát a menyasszonyomnak sem mondhatom, hogy csak jövőre megyünk nászútra.
❑ Ez igaz. De mi lenne, ha elhalasztanák az esküvőt? Mondjuk decemberre ...

△ Igazgató úr, hívatott.
○ Igen, foglaljon helyet... Hát, szeretnék érdeklődni, kedves Boros úr, hogy érzi magát nálunk.
△ Óh, köszönöm kérdését. Igazán nagyon jól. Mintha mindig itt dolgoztam volna. Semmi okom a panaszra. A kollégák kedvesek, bár nem mindegyiknek van humorérzéke. A lift mindig működik, a büfé jó. Irénke remekül főzi a kávét. Igaz, a székem nem nagyon kényelmes, és jó lenne a szobámban egy ventilátor. És a fizetésem ...
○ Szóval egy ventilátor és a fizetése. Érdekes ... De én nem egészen így értettem a kérdést. A munkára gondoltam.

△ Ja, a munka ... az nagyon érdekes. Igen ... Még nem értem egészen, hogy mit kell csinálnom, de ...
○ Hát igen. Erről van szó. Hogy nem érti egészen, jobban mondva egyáltalán nem érti, hogy mit kellene csinálnia. De ezen nem is csodálkozom.
△ Én igazán igyekszem. Néha órákig dolgozom anélkül, hogy lemennék a büfébe. Például tegnapelőtt is délig ültem a gép mellett, vagy majdnem délig ... És tudja, igazgató úr, hogy csak három hete vagyok itt. És ez a rendszer elég bonyolult.
○ Tudom, de remélem ön is tudja, hogy nemsokára lejár a próbaideje. De ahelyett, hogy dolgozna, állandóan vicceket mesél a kollégáinak, újságot olvas, játszik a számítógépen, vagy udvarol a büfésnőnek ...

B

1.

❑ Kisasszony, már megint elkésett!

● Igen, osztályvezető úr, de most igazán nem tehetek róla. Az Astoriánál eltört egy nagy cső, és mindent elöntött a víz. A metrót leállították. Gyalog kellett jönnöm a Blaha Lujza térig.

❑ Biztosan így van. De ez csak tíz perc séta, és maga fél órát késett ...

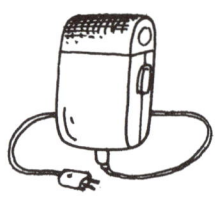

2.

(Bell – 1876)

villanyborotva

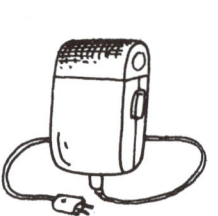

zseblámpa (világít)

▲ Arról van szó, hogy feltaláltam egy új készüléket.

○ Hát ez remek. És mire való ez a készülék?

▲ Meg lehet vele gyújtani a cigarettát.

○ Aha ... érdekes. És mekkora?

▲ Körülbelül akkora, mint egy gyufásdoboz.

○ Miből készül?

▲ Fémből vagy műanyagból.

○ És megmondaná, hogy mivel működik?

▲ Ez a legeredetibb az egészben. Gázzal.

○ Ember! Hiszen ez az öngyújtó! Már majdnem százötven évvel ezelőtt feltalálták.

▲ Az ördögbe! Már megint megelőztek!

Benz – 1885

3.

- ❏ Beszélhetnék Önnel?
- ● Tessék! Miről van szó?
- ❏ Az a helyzet, hogy szeretnék korábban elmenni a munkából.
- ● Miért? Remélem, nem beteg.
- ❏ Nem, nem. Semmi bajom sincs. De a feleségem ma utazik Spanyolországba, és megígértem neki, hogy kikísérem a repülőtérre.
- ● Hánykor indul a gépe?
- ❏ Fél hatkor, de már egy órával korábban ott kell lennie. Így nekem háromkor kellene elmennem. Ha szükséges, ezt a másfél órát majd ledolgozom egy másik nap.
- ● Rendben van, menjen el háromkor!
- ❏ Köszönöm szépen.

4.

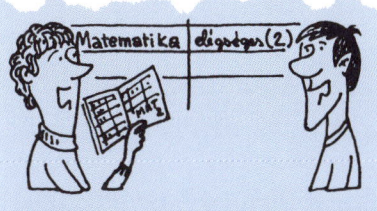

- ▲ Mikor vizsgázol matematikából?
- ○ Holnap. És te?
- ▲ Én már tegnap levizsgáztam.
- ○ És hogy sikerült?
- ▲ Nem túl jól. Kettest kaptam.
- ○ Nagyon nehéz volt?
- ▲ Nem volt túl nehéz, de az az igazság, hogy elég keveset tanultam.

nagyon rosszul	nagyon nehéz volt	nagyon keveset tanultam
elég rosszul	elég nehéz volt	elég keveset tanultam
nem túl jól	nem volt túl nehéz	nem tanultam túl sokat
elég jól	elég könnyű volt	elég sokat tanultam
nagyon jól	nagyon könnyű volt	nagyon sokat tanultam

NYELVTAN

Kinyitná az ablakot?
Lenne szíves kinyitni az ablakot?
(= Nyissa ki ...! / Legyen szíves kinyitni ...!)
Beszélhetnék az igazgató úrral?
(= Szeretnék beszélni ...)

Gábor in**na** egy sört. (= szeretne inni)
Gábor szívesen in**na** egy sört.

ahelyett — János a fa alatt pihen **ahelyett, hogy** dolgoz**na**.

anélkül — A betörő bemegy az épületbe **anélkül, hogy** a portás észreven**né**.

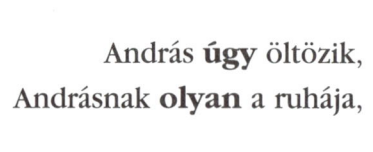

mintha — András **úgy** öltözik, / Andrásnak **olyan** a ruhája, } **mintha** szegény **lenne**. (pedig nem szegény)

Mekkora? Mekkora a kutyátok? **Akkora,** { **mint** egy borjú. / **mint** a tied. / **hogy** nem tud bemenni a házába. / **amekkorát** még nem láttam.

SZAVAK

IGÉK
beküld
bemutat
csodálkozik
elkésik
elönt
eltörik
érdeklődik
feltalál
hívat
igyekszik
leállít
ledolgoz
levizsgázik
megelőz
változtat
világít
vizsgázik

FŐNEVEK
almalé
baracklé
bunda
büfésnő
ebédszünet
fém
gyufásdoboz
gyümölcslé
humorérzék
hűtőgép
jutalom
kolléga
műanyag
műhely
nászút
paradicsomlé
próbaidő
rendszer
séta
súlyemelő
temetés
tűz
ventilátor

MELLÉKNEVEK
bonyolult
eredeti
japán
nagyszerű

EGYÉB SZAVAK
mindegyik
nemsokára
tegnap
tegnapelőtt

KIFEJEZÉSEK
Miben segíthetek?
Arról van szó, hogy ...
Szóval ...
Az a helyzet, hogy ...
elmegy nászútra
Nagyon helyes.
Semmi okom a panaszra.
jobban mondva
nem tehet vmiről
Ember!
Az ördögbe!
tüzet ad vkinek
állást változtat

D

1. Alkosson feltételes módú kérdő mondatokat a képek alapján!

Adna tüzet?

2. Egészítse ki a mondatokat a megadott szavakkal!

| ahelyett
anélkül
mintha |

Három hetet töltöttünk együtt ___, hogy vitatkoztunk volna. A gyerekek egész délután korcsolyáztak ___, hogy tanultak volna. Kati úgy beszél angolul, ___ évekig élt volna Angliában. Nem tudok nyolc órát dolgozni ___, hogy pihennék közben egy kicsit. A vendégek elmentek a szállodából ___, hogy fizettek volna. ___ hogy mozognál egy kicsit, egész nap otthon ülsz. János olyan erős, ___ súlyemelő lenne. Nem akarok hazautazni ___, hogy megnézném a Nemzeti Múzeumot. Ez a sofőr úgy vezet, ___ nem ismerné a közlekedési szabályokat. Sok üzletember tolmács segítségével tárgyal ___, hogy megtanulna magyarul.

3. Fejezze ki kívánságát feltételes móddal (a képek alapján)!

Megkóstolhatnám a levest?

4. Egészítse ki a szövegeket a megadott igék megfelelő alakjaival! Figyeljen a mód- és időhasználatra!

vesz
A múlt évben __ __ __ a lányomnak egy bundát. Most azt akarja, hogy idén is __ __ __ neki egyet. Ha milliomos lennék, talán __ __ __ neki, de mivel nem vagyok az, nem __ __ __. Sőt, ha tudtam volna, hogy mi lesz az eredménye a dolognak, tavaly sem __ __ __.

(el)olvas
Te nem __ __ __ eleget. Például __ __ __ már ezt a könyvet? Biztosan nem. Hamár__ __ __, többet tudnál Afrikáról. Pedig nagyon érdekes. Ajánlom, hogy __ __ __. És általában __ __ __ többet! Hiszen ha rendszeresen __ __ __, többet tudnál a világról és az emberekről. És jó lenne, ha az újságot is mindennap __ __ __.

(meg)iszik
Éva szomjas. Bemegy a büfébe, hogy __ __ __ egy kólát. De a büfében elromlott a hűtőgép, nincs hideg kóla. Éva mindig hidegen __ __ __ a kólát, ezért most mást __ __ __. Szívesen __ __ __ limonádét, de az is csak hidegen jó. De van sokféle gyümölcslé. Éva már sokszor __ __ __ almalét, baracklét, most paradicsomlét kér. Odaviszi egy asztalhoz, leül, és __ __ __.

5. Egészítse ki a szöveget a hiányzó szavakkal és végződésekkel, majd írjon levelet (és/vagy beszéljen) saját munkájáról és munkahelyéről!

Szeretném elmesél... neked, hogy mi minden történ... velem az elmúlt három hónap. ... A legnagy... újság az, __ __ __ állást változtattam: most egy utazási irodában dolgoz.... Tudod, hogy __ __ __ akartam eljönni az előző munkahelyem..., mert a munkám nagyon unalmas __ __ __. Egész nap egy kis szobában ül... két öreg kollégám társaságában. Más ember... alig láttam. Az igaz, hogy a munkám nem volt nehéz. A nap nagy részében csak beszélgettünk ahelyett, hogy dolgoztunk __ __ __. Hát, most azt nem mondhatom, hogy unalmas az életem az irodában. Reggel... estig jönnek az emberek, egyik a másik után. ...fordul, hogy fél órán belül három-négy különböző nyelv... kellene beszél.... Sajnos az angol... kívül csak magyar... beszélek. Most látom igazán, milyen érdemes nyelveket tanul.... Ha tud... legalább németül, sok... könnyebb lenne a munka. ... A munkaidő egyébként reggel 8-kor kezdőd..., és fél 5-... tart. Dél... van egy félórás ebédszünet. ... A heti munkaidőm 40 óra. De minden második hét... szombaton is dolgoznom __ __ __ kettőig. A főnök... nagyon rendes, nem öreg, és elég jóképű. A fizetésem nem túl magas, de a forgalom szerint rendszeres... kapok jutalmat is.

JEGYZETEK

16. LECKE

Fogadjunk, hogy nem találod ki!

Mint tudjuk, Miklós újságíró. Nagyon elfoglalt ember: annyi munkája van, hogy gyakran enni sincs ideje. És mint a legtöbb újságíró, sokat utazik. Valahogyan mégis mindig talál időt két kedvenc időtöltésére: horgászik és barkácsol. Akkor a legelégedettebb, ha néhány napot vagy hetet a „nyaralójukban" tölthet a Velencei-tónál: ott egyszerre van lehetősége mind a két dologra. Valójában csak egy kis faházuk van a tó partján, amelyet viccből neveznek nyaralónak. És azt talán mondani sem kell, hogy Miklós maga építette. Igaz, a sógora is segített neki. Márta bátyja, András igazi ezermester, és rendkívül szorgalmas. „Egy kis munka senkinek sem árt" – szokta mondani, és reggeltől estig dolgozik. Nincs olyan munka, amit ne merne elvállalni, és mindig minden sikerül neki: házat épít, vízvezetéket szerel, autót javít. Miklós tulajdonképpen irigyli egy kicsit, és szeretne hasonlítani rá. „Bárcsak nekem is ilyen jó szerszámaim lennének! – gondolja gyakran. – Akkor én sem ismernék lehetetlent." Persze így sem ismer lehetetlent, de néha nem tudja befejezni azt, amit elkezdett, s ilyenkor Andrástól kér segítséget.

❏ Szervusz, Márta.
● Paul! Micsoda meglepetés! Gyere be!
❏ Ne haragudj, hogy csak így betörök hozzátok, de erre jártam, és gondoltam, benézek. Remélem, nem zavarlak titeket.
● Dehogy zavarsz! De ha tudtam volna, hogy jössz, nem engedtem volna le Miklóst a műhelybe.
❏ Már megint ott van?
● Már megint? Tudod, hogy mindig ez volt a fő hobbija. De amióta András neki ajándékozta a régi barkácsgépét, minden szabad idejét a műhelyben tölti. Tegnap is órákig lent volt, pedig csak este kilenckor jött haza. Néha már alig lát a fáradtságtól, mégsem hagyja abba. Az igazság az, hogy én sem tudom, hogy min dolgozik. Gyere, nézzük meg!

❏ Szia, Miklós! Bemehetünk?
○ Gyertek csak! Éppen jókor jöttök. Most lettem kész vele. Nézzétek meg! Hát nem gyönyörű?
● De, igazán szép. És mi ez?
○ Találd ki!
● Fogalmam sincs róla. Legjobban egy régi varrógépre hasonlít.
○ Fogadjunk, hogy Paul meg tudja mondani, mire való.
❏ Elvesztenéd a fogadást, mert én sem tudom.
○ Pedig nem nehéz kitalálni. Gondolkozz egy kicsit!
❏ Mondjuk ... szobabicikli. De hogy lehet ráülni?

1.

fest — kártyázik
keresztrejtvényt fejt — videózik 

a)
▲ Szeret horgászni?
● Az igazat megvallva, nem nagyon.
▲ És barkácsolni?
● Az sem érdekel. És nem is értek hozzá.
▲ És mit szokott csinálni a szabadidejében?
● Bélyeget gyűjtök. Önt is érdeklik a bélyegek?
▲ Régen én is gyűjtöttem. De az már nagyon régen volt. Még gyerek voltam.
● És most van valamilyen hobbija?
▲ Persze. Főzök. Szinte minden szabadidőmet a konyhában töltöm.

főz — sakkozik — fényképez — lemezt gyűjt — varr — lovagol

horgászik — vadászik — kertészkedik — barkácsol — bélyeget gyűjt — kézimunkázik

b)
❑ Megvetted már az ajándékot Miklósnak a születésnapjára?
▼ Meg.
❑ Mit vettél neki?
▼ Egy könyvet. A spanyol királyokról szól. Remélem, még nincs meg neki. Most adták ki. És te mit ajándékozol neki?
❑ Azt hiszem, néhány szerszámot fogok venni. Tudod, hogy imád barkácsolni, és ért is hozzá.
▼ Persze hogy tudom. Már régóta ez a hobbija.

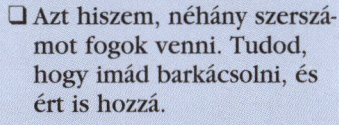

2.

alma	78-
körte	120-
szilva	100-
meggy	90-
cseresznye	125-
sárgabarack	135-
őszibarack	120-
szőlő	140-
málna	200-
banán	160-
narancs	130-
citrom	150-

❏ Parancsoljon, asszonyom!

● Érett az őszibarack?

❏ Természetesen. Nézze csak meg! Ha ennél puhább lenne, nem tudná hazavinni.

● Rendben van. Adjon egy kilót belőle!

❏ Még valamit? Esetleg egy kis málnát? Nem? ... Akkor talán szőlőt? Olyan édes, mint a méz. Kóstolja csak meg!

● Hm ... Ez magának édes? Olyan savanyú, mint a citrom. Akkor inkább fél kiló meggyet legyen szíves!

❏ Tessék. Összesen százhatvanöt forint ... Köszönöm, asszonyom! Legyen máskor is szerencsém!

3.

○ Jó napot kívánok! Legyen szíves segíteni!

■ Miben segíthetek? Mi a baj?

○ Elveszett a bőröndöm.

■ Sajnos ez előfordul a repülőtereken. Mindjárt utánanézünk. Milyen volt a bőröndje?

○ Barna, közepes nagyságú, cipzáras. Bőrből van. Rajta van egy kis táblán a nevem és a címem.

4.

● Ne haragudjon, uram, hogy megszólítom! Nem ön érkezett Rómából az Akadémiai Kiadóhoz?

▲ De igen. És ön kicsoda, kisasszony?

● Deli Ilona vagyok. Én jöttem ki önért a kiadótól.

NYELVTAN

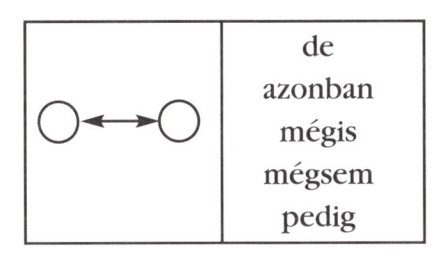

	de azonban mégis mégsem pedig

Idén külföldön akartam nyaralni, **de** nincs elég pénzem.
Londont elég jól ismerem, Párizsban **azonban** még nem voltam.

Kati már nagyon fáradt volt, { **mégis** folytatta a munkát. / **mégsem** ment haza. }

Kati nem ment haza, / Kati folytatta a munkát, } **pedig** már nagyon fáradt volt.

pedig/ugyanis

Bevettem egy fájdalomcsillapítót, **ugyanis** fájt a fejem.
Nem vettem be fájdalomcsillapítót, **pedig** fájt a fejem.

mégis / ezért, így, tehát
mégsem /

Nagyon fájt a fejem, { **ezért** / **így** / **tehát** } bevettem egy fájdalomcsillapítót.

Nagyon fájt a fejem, **mégsem** vettem be fájdalomcsillapítót.

Bárcsak ...! **Bárcsak** lenne egy puskám!

annyi, { amennyi, ahány, mint, hogy }

Annyi pénzem van, { **amennyit** az apámtól kaptam. / **mint** neked. / **hogy** tudok venni egy autót. }

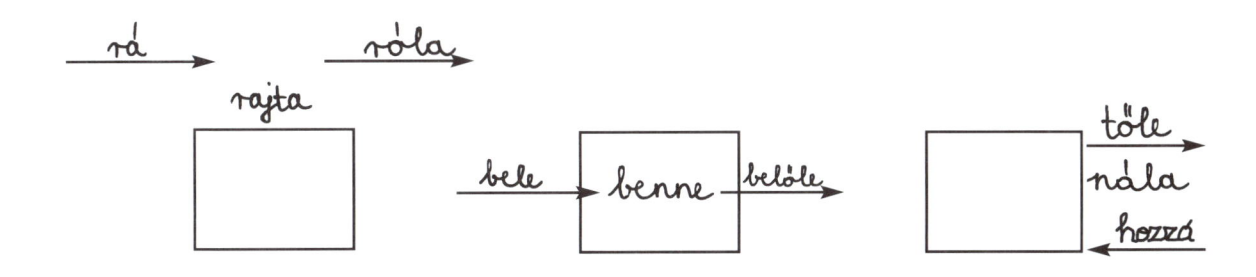

rá → róla →
rajta

bele → benne → belőle →

tőle
nála
hozzá

SZAVAK

IGÉK
ajándékoz
árt
barkácsol
benéz
betör
bridzsel
elkezd
elveszik
elveszt
épít
fogad
gondolkozik
hasonlít
hazavisz
irigyel
kitalál
leenged
megszólít
mer
nevez
panaszkodik
ráül
szerel

FŐNEVEK
barkácsgép
ezermester
fáradtság
hobbi
időtöltés
kártya
málna
meggy
méz
nagyság
őszibarack
sport
szabadidő
szerszám
szobabicikli
varrógép
vízvezeték

MELLÉKNEVEK
cipzáras
elfoglalt
érett
kész
közepes
legutolsó
puha

EGYÉB SZAVAK
amióta
egyszerre
helyett
jókor
kicsoda?
mégsem
micsoda?
szintén
tulajdonképpen
valahogyan

KIFEJEZÉSEK
Mint tudjuk, ...
viccből
vminek nevez vmit/vkit
Mondani sem kell, hogy...
reggeltől estig
nem ismer lehetetlent
segítséget kér vkitől
Micsoda meglepetés!
erre jár
alig lát a fáradtságtól
éppen jókor
kész lesz/lett vmivel
Fogadjunk, hogy ...!
elveszti a fogadást
Kóstolja csak meg!
Legyen máskor is szerencsém!
közepes nagyságú

1. Egészítse ki a mondatokat a hiányzó kötőszókkal!

D

ugyanis
ezért/tehát/így
pedig
mégis
mégsem

Nem szeretek vezetni,
- ___ ___ ___ autón megyek Ausztriába.
- ___ ___ ___ vonaton utazom Ausztriába.
- _mégsem_ (nem) vonaton utazom Ausztriába.
- ___ ___ ___ rossz a szemem.
- ___ ___ ___ nagyon jó kocsim van.

Beteg vagyok,
- ___ ___ ___ elmegyek az orvoshoz.
- ___ ___ ___ (nem) megyek el az orvoshoz.
- ___ ___ ___ bemegyek a gyárba dolgozni.

Elmegyek az orvoshoz,
- ___ ___ ___ nem vagyok beteg.
- ___ ___ ___ beteg vagyok.

2. Egészítse ki a mondatokat magyarázó, illetve következtető mellékmondatokkal a képek alapján!

Otthon maradunk, _ugyanis esik az eső._ ___ ___ ___ ___ ___ ___ ___ ___ ___ .

Operába megyek, ___ ___ ___ ___ ___ ___ ___ ___ ___ ___ ___ .

Már alig volt benzin a tankban, ___ ___ ___ ___ ___ ___ ___ ___ ___ .

Kati megbukott a vizsgáján, ___ ___ ___ ___ ___ ___ ___ ___ ___ .

Laci alig tanult a vizsga előtt, ___ ___ ___ ___ ___ ___ ___ ___ ___ .

Az ellenőr megbüntette Jánost, ___ ___ ___ ___ ___ ___ ___ ___ ___ .

Ellopták a táskámat, ___ ___ ___ ___ ___ ___ ___ ___ ___ ___ .

3. Alkosson óhajtó mondatokat a képek alapján!

Bárcsak megkapnám a Nobel-díjat!

4. Egészítse ki a szöveget a hiányzó szavakkal és végződésekkel, majd írjon levelet (és/vagy beszéljen) ön is arról, hogyan tölti szabadidejét!

Kedves __ __ __ !
Legutolsó leveledben az. . . kérdezted, hogyan tölt. . . a szabadidőmet, van- __ __ __ lehetőségem a sportolásra és a horgászásra, gyakran járok-e színház. . ., és kik. . . szoktam kártyázni. Látszik, hogy jó. . . ismersz, bár elfelejt. . ., hogy lovagol. . . is szeretek. Azonban van egy kis baj; néha dolgoz. . . is kell, és nem is keveset. Az igazat megvallva, alig van szabadidő. . .. Ami a lehetőségeket illet. . ., nem panaszkodhat. . .. Ha __ __ __ időm, lovagolhatnék, ugyanis az ország. . . számos lovasiskola működ. . .. Minden hét. . . elmehet. . . horgászni, hiszen a Dunán és a Balaton. . . kívül sok más folyó és tó is a rendelkezésem. . . áll. Nyáron a Balatonon remek. . . lehet vitorlázni, és más tavakon is lehet szörfözni. Télen pedig rendszeresen síel. . . és korcsolyázhatnék. És a városban is egész jó konditermek vár. . . a vendégeket. Sajnos azonban hiába vannak meg ezek a lehetőségek, __ __ __ egy dolog hiányzik: az idő. A sok érdekes sport helyett minden reggel tornáz. . . egy kicsit, és szombat. . . vagy vasárnap délelőtt úszom egy óra. . .. De színházba elég sok. . . járok, és bérlet. . . van az Operaházba. És most következik a legfontos. . .: a kártya. Szerencsére van néhány barátom, __ __ __ szintén szeret bridzselni, így minden héten két. . .: csütörtök. . . és vasárnap játsz. . ..
Következő leveledben ír. . . meg te is, mit csinálsz a szabadidődben!
Üdvözöl:

Paul

JEGYZETEK

17. LECKE

A

Úristen! Mi történt veled?

❏ Halló! Fodrászat.
● Klári, maga az?
❏ Igen, tessék parancsolni!
● Bartáné vagyok, Éva. Szeretnék bejelentkezni, ha lehet, holnapra.
❏ Holnap sajnos már nem megy, végig foglalt vagyok. Holnapután 10 órakor megfelel?
● Nem lehet korábban? Mondjuk 8-kor.
❏ Rendben van, már be is írtam. Mit csinálunk?
● Vágatni és festetni szeretnék.
❏ Akkor várom holnapután 8-kor.

❏ Milyen frizurát csináljak?
● Ilyesmit, mint ez itt a fotón. Elöl hagyja meg hosszabbra, hátul vágja jó rövidre!
❏ Így jó lesz?
● Igen, nagyon jó a formája ... És szőkén még jobban fog mutatni.
❏ Pontosabban milyen színre gondol?
● Egészen világos szőkét szeretnék. Tudja, meguntam már a fekete hajamat ... Aztán, amíg a festék rajta van, átmegyek Icához, a kozmetikushoz, megkezeltetem vele az arcomat, és befestetem a szempillámat.

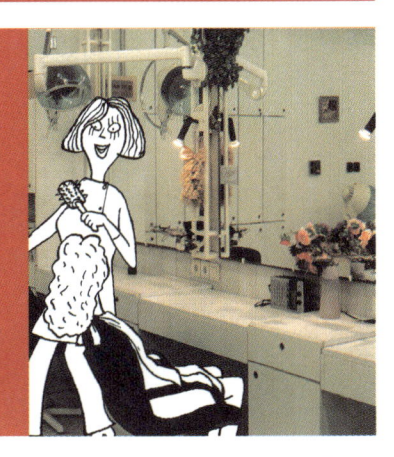

▲ Úristen! Mi történt veled?
● Mi az, talán nem tetszem? Egy vagyont fizettem a szépségemért.
▲ Ezt igazán megtakaríthattad volna ... Nekem sokkal jobban tetszett az eredeti hajszíned.

● Nem gondolod, hogy tavasszal egy kicsit rendbe kellene hoznunk a lakást? A falak piszkosak, a függönyök kopottak, a szőnyegek ...
▲ Ne is mondd tovább! Szóval festetni akarsz?
● Nem akarok, de kell. Festetni vagy tapétáztatni.
▲ Ha mindenképpen kell, akkor inkább festessünk! Én nem szeretem a tapétát.
● Szerencsére a parketta még jó állapotban van, az ajtók meg az ablakok is ... Van valami ötleted, hogy kivel csináltassuk a festést?

B

1.

❑ Piszkos a szőnyeg a nappaliban. Ki kellene tisztíttatnunk.
● Hol tisztíttassuk ki?
❑ Hívjuk ki a Patyolat háztól házig szőnyegtisztító szolgálatát!

kimosat	kifestet	megjavíttat	csináltat
elvisz	(el)hív	(el)hív	elmegy

2.

❑ Van egy lyukas fogam. Be kell tömetnem.
● Akkor jelentkezz be a fogorvosunkhoz! Hétfőn és csütörtökön délután rendel.

▲ Halló! Doktor Nagy István.
● Jó napot, doktor úr! Szabó Zsolt vagyok.
▲ Tessék parancsolni! Mi a probléma?
● Van egy lyukas fogam. Mikor mehetnék?
▲ Egy pillanat ... Jövő hétfőn, délután 3 és 4 között megfelel?
● Igen, köszönöm. Viszontlátásra.

haj — szemüveg — gyomor — arcbőr

3.

❏ Rémes állapotban van az egész ház. Nézd, lyukas a tető!

● Látom. Azt mindenképpen meg kell csináltatnunk. Én ismerek egy jó tetőfedőt.

megjavíttat	kőműves (falat, lépcsőt stb. épít, javít)
kicseréltet	asztalos (bútort készít, javít)
kifestet	üveges (ablaküveget tesz be)
betetet	parkettás (parkettát rak le, javít)
lerakat	szobafestő
felszereltet	vízszerelő
elvitet	villanyszerelő
rendbe hozat	
kitakaríttat	

4.

▲ Úristen! Rémes, hogy milyen rendetlenség van a konyhában! Igazán elmosogathattál volna!

○ Ne izgulj! Majd elmosogatok.

rendet csinál   vásárol   kimos

NYELVTAN

-at/-et
-tat/-tet

Ibolya sétáltatja a kutyáját.

Éva levágatja a haját Klárival.

! A tanár olvastatja a diákokat.
A tanár elolvastatja a leckét a diákokkal.

-at, -et	
vágat	választat
nézet	festet

-tat, -tet	
sétáltat	futtat
kerestet	készíttet

! eszik ⟶ etet
iszik ⟶ itat
tesz ⟶ tetet
vesz ⟶ vetet
visz ⟶ vitet
hisz ⟶ hitet
alszik ⟶ altat
fekszik ⟶ fektet

minél _ _ _bb, annál _ _ _bb

Minél fáradtabb vagyok, annál lassabban futok.

SZAVAK

IGÉK
befest
beír
bejelentkezik
betöm
csináltat
elénekel
elismétel
eljátszik
elmosogat
felolvas
felszerel
festet
intézkedik
kifest
kikeres
kitisztít
lefényképez
meghagy
megkezel
megmagyaráz
megtakarít
nevel
tapétáz

FŐNEVEK
állapot
belgyógyász
felújítás
forma
fotó
hajszín
iparos
kozmetikus
lakásfelújítás
mesterember
öltöny
ötlet
párbeszéd
parketta
rendetlenség
szempilla
szépség
szolgáltatás
tapéta
vagyon

MELLÉKNEVEK
kopott
lyukas
múlt
rémes

EGYÉB SZAVAK
elöl
hamar
hátul
ilyesmi
korábban

KIFEJEZÉSEK
Úristen!
Mi történt veled?
nem megy vmi
Mondjuk ...
rövidre vág vmit
jól mutat vmi
egy vagyont fizet vmiért
jó/rossz állapotban van vmi
a szomszédban
Minél hamarabb, annál jobb.
háztól házig szolgálat
rendbe hoz vmit

D **1. Írja be a képek alá az igék megfelelő műveltető alakját, majd írjon a témának és a képeknek megfelelő mondatokat velük!**

Ildikó már két éve nem dolgozik, otthon neveli a kislányát, Zsófit. Mit csinál mindennap?

felöltöz.*tet*   _ _ _ (megeszik)   sétál...   megfürd...   _ _ _ (lefekszik)   _ _ _ (elalszik)

Amikor Zsófi felébred, felöltözteti

2. Egészítse ki a mondatokat az igék műveltető alakjával és a hiányzó végződésekkel!

Vendégek jönnek hozzánk, süt.*tetek*. anyám.*mal*. egy jó sütemény.*t*.. A múlt héten elromlott az autónk, de már megcsinál.... Éva feketére akarja fest... a haját. Gyakran fáj a hasam, meg kell vizsgál... magam... egy jó belgyógyász.... Kopottak az öltönyeid, csináltat... egy újat! Ne vág... le a haját, nagyon jól áll önnek ez a hosszú haj. Kitisztít... már a szőnyegeiteket? Kovácsék még egy szobát akarnak épít... a házukhoz, már meg is tervez..... Az esküvő után a fiatal pár lefényképez... magát. Éva otthon nem csinál semmit, állandóan a férje... dolgoz..., még a vacsorát is _ _ _ főz... meg. Ki... fogjátok _ _ _ (megeszik) ezt a rengeteg levest?

3. Alakítsa át a mondatokat a példa szerint!

A diákok gyakorolják az új leckét.

A tanár gyakoroltatja az új leckét a diákokkal.

A legnehezebb mondatot Péter olvassa fel. Krisztina és Albert eljátssza a párbeszédet. Mária és Tonio elismétli. Jan felírja a táblára az új kifejezéseket. A többiek kikeresik az új szavakat a szótárból, azután magyarul megmagyarázzák. Az óra végén eléneklik azt a dalt, amelyet a múlt héten tanultak.

4. Egészítse ki a szöveget a hiányzó szavakkal és végződésekkel!

A mai ember... sokféle szolgáltatás... van szükség.... Aki... autója van, az... gyakran kell szerelő... vinnie a kocsi.... A lakásban is mindig elromlik valami, ilyenkor mesteremberek... javít... meg. Időnként a lakásban fest... kell, vagy nagyobb felújítás... kell végez.... A lakásfelújítás... mindenki fél, _ _ _ rengeteg pénz... kerül, és ráadásul az iparosok nem mindig pontos.... _ _ _ sokan maguk csinálnak meg minden munkát, _ _ _ csak tudnak. Ha mos... vagy tisztít... akarunk, a Patyolat üzleteibe mehetünk. Sok nő jár rendszeres...fodrász..., kozmetikus.... A fodrászoknak és kozmetikusoknak általában állandó vendég... vannak, és szokás hozzájuk előre bejelentkez... telefonon.

5. Ki az?

ruhát varr, javít ....
3–6 éves gyerekekkel foglalkozik ....
a nők arcbőrét kezeli ....
hajat vág, fest; frizurát csinál ....
sportolókat nevel, tanít ....
konnektort, lámpát javít, szerel ....
parkettát javít, rak le ....
épületek belső falait festi; tapétáz ....

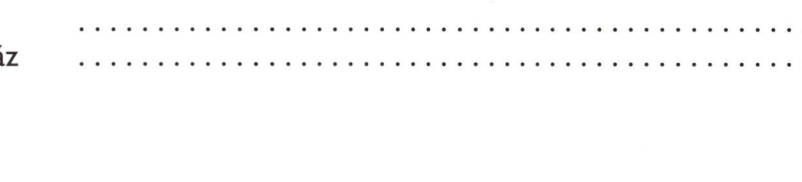

JEGYZETEK

18. LECKE

A városnéző buszon

- Mikor indul a következő városnéző busz?
- ❑ Tizenegy órakor.
- Van még hely rajta?
- ❑ Hányan vannak?
- Csak hárman.
- ❑ Akkor nincs gond.
- Milyen nyelven fog beszélni az idegenvezető?
- ❑ Angolul. De természetesen tud németül is.
- És mit fogunk látni?
- ❑ Budapest legszebb helyeit és legérdekesebb épületeit. Például a Hősök terét, a Népstadiont, a Nemzeti Múzeumot, a Parlamentet és sok mást.
- És be is megyünk ezekbe az épületekbe?
- ❑ Ilyen rövid idő alatt erre nincs lehetőség. De nem is lenne érdemes néhány percre bemenni a múzeumokba vagy a Parlamentbe. Kárpótlásul viszont isznak majd egy frissítőt a Hiltonban.

A Népstadion ma Budapest legnagyobb épülete. A második világháború után épült stadionban több mint 70 ezer néző fér el. Az 50-es és 60-as években játszott futballmérkőzéseken gyakran tele volt a nézőtér. Az utóbbi időben azonban a sporteseményeken sokszor félig üres marad, ezért néha más eseményeket is rendeznek benne, például könnyűzenei koncerteket.

Ez az épület a Magyar Nemzeti Múzeum. Magát a múzeumot 1802-ben alapították, de ez az épület később épült. A kétemeletes klasszicista épületet Pollack Mihály tervezte és építette a múlt század közepén, pontosabban 1837 és 1847 között. A múzeumot körülvevő kertben számos szép szobor található. Az épület előtt áll az egyik leghíresebb XIX. századi magyar költő, Arany János szobra. A múzeum bejáratához, amely előtt magas oszlopsor látható, széles lépcső vezet fel. A Nemzeti Múzeum állandó kiállításai Magyarország történetét mutatják be a legrégibb koroktól a XIX. század közepéig.

Budát és Pestet összesen kilenc híd köti össze. Közülük a legrégibb és legszebb a múlt század közepén épített Lánchíd. Eredetileg 1842-től 1849-ig építették az angol Adam Clark vezetésével. Mivel ez az angol mérnök a híd felépítése után Magyarországon maradt, szinte magyarrá vált, Clark Ádámnak szoktuk nevezni. Abban az időben Németország és a Fekete-tenger között ez volt az egyetlen állandó híd a Dunán. A második világháború végén a többi budapesti híddal együtt elpusztult, de 1949-re eredeti formájában újjáépítették.

...otelt? A Budapest Marriott Hotel modern ötcsillagos szálloda a Duna partján. Pesten van, az Erzsébet-híd és a Lánchíd között. A több mint tízemeletes épületben körülbelül 360 szoba van. Érdekes, hogy mind a 360 szoba a Dunára néz. Az épületet két magyar építész, Finta József és Kovácsy László tervezte. Az építése 1967-ben kezdődött el, és 1969-ben fejeződött be.

❑ Igen. Kivétel nélkül minden szobája a Dunára néz.

Operaház
neoreneszánsz
1875-1884 Ybl Miklós
a bejárat mellett két szobor:
Erkel Ferenc, Liszt Ferenc
(magyar zeneszerzők)

Budapest Szálló (***)
1967
Szrogh György
kerek
18 emelet, 20-20 szoba
a tetőn bár: kilátás

Mátyás-templom
eredetileg: XIII. sz. gótikus
Mátyás király átépíttette
(XV. sz.)
1874-1896: felújították
hiányzik az északi torony

Szépművészeti Múzeum
1900-1906
állandó kiállítások:
egyiptomi, görög, római,
régi és modern európai
nyitva: 10-18 (hétfő)

Országház
neogótikus
1884-1904
Steindl Imre
könyvtár
csak szervezett csoportok

Nyugati pályaudvar
1874-1877
tervezte – francia építész
építette – Eiffel vállalata

Budapesti programjaink

1. Autóbuszos városnézés
3 óra
Indulás: 10.00, 11.00, 14.00, 15.00
A kirándulás résztvevői meglátogatják a város legszebb helyeit: Hősök tere, a Duna-part épületei, az Országház kívülről, Gellérthegy, Várhegy, Mátyás-templom, Halászbástya. Végül isznak egy frissítőt a Hilton Szállóban.

2. Városnézés különleges ebéddel
4 óra
Indulás: 10.30
Más érdekes helyeken kívül az út résztvevői megismerkednek Óbudával, Budapest legrégibb városrészével. A program különleges ebéddel fejeződik be egy elegáns étteremben.

3. Városnézés hajóval
3 óra
Indulás: 10.00
A résztvevők hajóról nézik meg a főváros legszebb helyeit a Közgazdasági Egyetemtől az Árpádhídig a folyó két partján. Rövid sétát tesznek a Margit-szigeten, Budapest legnagyobb és legszebb parkjában, és isznak egy kávét vagy frissítőt a Thermál Szálló teraszán.

4. A várnegyed ismeretlen szépségei
4 óra
Indulás: 14.00
Ennek a sétának a résztvevői megismerhetik a Budai Vár történetét. Régen itt laktak a magyar királyok. A keskeny kis utcák, apró terek, műemléképületek és múzeumok a magyar és külföldi látogatóknak sok érdekességet kínálnak. A legszebb utcákat a résztvevők lovas kocsin járják végig. Isznak valamit a Faust-pincében, és megnézik az Amerigo Tot-ház kiállítását.

5. Kirándulás a budai hegyekben
4 óra
Indulás: 10.00
A résztvevők autóbuszon mennek fel a budai hegyek erdőibe, ahonnan megcsodálhatják a város panorámáját. Miután isznak egy üdítőt, a Libegőn jönnek le a János-hegyről. Végül megnézik a szemlőhegyi barlangot. (A barlangban 10 °C van, érdemes pulóvert vinni.)

6. Parlament–Nemzeti Galéria
3 óra
Indulás: 10.30
A program résztvevői meglátogatják az Országházat, ahova csak szervezett csoportok léphetnek be. Utána megnézik a régi királyi palotában levő Nemzeti Galériát, ahol a magyar művészek: festők és szobrászok művei láthatók.

7. Budapest éjszaka
5 óra
Indulás: 19.30
A résztvevők megismerkedhetnek Budapest éjszakai képével és életével. Vacsora egy zenés étteremben, utána séta a városban. Végül műsor egy éjszakai bárban. Miután a közös program véget ér, a résztvevők választhatnak: vagy visszamennek az autóbuszon a szállodába, vagy tovább maradnak a bárban.

❏ Melyik programot válasszuk?
● Szerintem az ötöst. Menjünk fel a budai hegyekbe!
❏ Igen, biztosan érdekes, de lehet, hogy esni fog az eső.
● Igazad van, felhős az ég. És te melyiket választanád?
❏ Szerintem válasszuk a hármast. Még nem voltunk a Margit-szigeten, pedig biztosan nagyon szép. És a hajóról végignézhetjük Budapestet anélkül, hogy félnünk kellene az esőtől.
● Jó, akkor elmegyünk erre a programra.

NYELVTAN

Melyik?
Milyen?   -ó, -ő   A lányok, akik a padon ülnek, beszélgetnek.

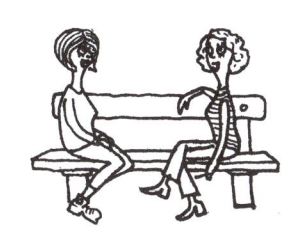

A padon ülő lányok beszélgetnek.

≈ álló   **!** van → lev**ő**   eszik → ev**ő**   megy → me**n**ő
siető   vesz → vev**ő**   iszik → iv**ó**   jön → jöv**ő**
érkező   tesz → tev**ő**
visz → viv**ő**   alszik → alv**ó**
hisz → h**í**v**ő**   fekszik → fekv**ő**

-t (-ott, -ett, -ött)

A pincér hozza az italt, amit kértem.

A pincér hozza a kér**t** italt.

! A jól sikerül**t** kirándulásról beszélgetünk.
≈ érkezett, született, kezdődött, befejeződött, készült, élt, meghalt stb.

-ható, -hető   A tárgyak, amelyeket a múzeumban lehet látni, régiek.

A múzeumban lát**ható** tárgyak régiek.

Mivé?   -vá, -vé   Az utóbbi években a tenisz nálunk is népszerű**vé** vált.

(= népszerű lett)

≈ Ezt az üzletet átalakítják bár**rá**.

≈ válik
változtat
vmit
átalakul
átalakít vmit
átépít vmit
stb.   } vmivé   ≈ iskolá**vá**
olcsó**vá**
könnyű**vé**
stb.   **!** bá*r* → bá**rr**á
nehé*z* → nehé**zz**é
város → város**s**á
özve*gy* → özve**ggy**é
stb.

SZAVAK

IGÉK
alapít
átépít
egyesít
elfér
elpusztul
épül
fejlődik
felvezet
körülvesz
megcsodál
összeköt
szervez
újjáépít
válik

FŐNEVEK
barlang
bejárat
csoport
építés
építész
érdekesség
évtized
felépítés
frissítő
idegenvezető
kirándulás
kivétel
köztársaság
látogató
mű
nézőtér
oszlopsor
pince
résztvevő
rom
század
százalék
szobrász
terasz
történet
véletlen
világháború

MELLÉKNEVEK
állandó
egyiptomi
európai
gótikus
klasszicista
neogótikus
neoreneszánsz
római
széles
üres

EGYÉB SZAVAK
kárpótlásul
kívülről
külön
mivel

KIFEJEZÉSEK
városnéző busz
a múlt század
állandó kiállítás
vkinek a vezetésével
kivétel nélkül
éjszakai élet
éjszakai bár
közös program
véget ér vmi
tüzet kér
Nem véletlen, hogy ...
lovas kocsi

D

1. Írja be a megfelelő igenévképzőket!

-ó / -ő	sétál...; játsz...; ül...; érkez...; _ _ _ (jön); épül...; fogyaszt...; _ _ _ (vesz); _ _ _ (fekszik); hív...; hiányz...; _ _ _ (van)
-t / -ott / -ett / -ött	tanul...; hoz...; javasol...; küld...; nyit...; marad...; köt...; él...; megmér...; megváltoz...; varr...; _ _ _ (iszik); ünnepel...; kihúz...; süt...; készít...; vállal...; _ _ _ (vesz); ír...
-ható / -hető	ért...; elintéz...; kap...; _ _ _ (eszik); megújít...; rendez...; lát...; fogyaszt...; _ _ _ (iszik); bevált...; kitalál...; kicserél...; _ _ _ (elhisz)

2. Egészítse ki a mondatokat a képek alapján a megfelelő igeneves szerkezettel!

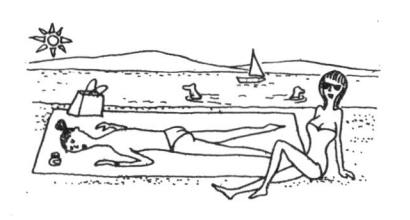

(A lányok a parton napoznak.)
Ismered a *parton napozó lányokat* ?
Megismerkedünk _ _ _ _ _ _ _ _ _ _ _ _ _ _ _ _ _ _ csinosak.

(Az autó az épület előtt áll.)
_ _ _ _ _ _ _ _ _ _ _ _ _ _ üres.
A rendőr odamegy _ _ _ _ _ _ _ _ _ _.
Beszállok _ _ _ _ _ _ _ _ _ _ _ _.

(A férfi újságot olvas.)
Megszólítom _ _ _ _ _ _ _ _ _ _ _.
Tüzet kérek _ _ _ _ _ _ _ _ _ _ _.
_ _ _ _ _ a vonatra vár.

3. Alakítsa át a megadott szerkezeteket igeneves szerkezetté, majd egészítse ki velük a megfelelő mondatot!

a) az autó, amely a forgalmat akadályozza – *a forgalmat akadályozó autó*
a táska, amely eltűnt a repülőtéren – ....
a tűzoltók, akik az épülethez érkeznek – ....
a ruha, amely illik a hajamhoz – ....
a képek, amelyeket a múzeumban lehet látni – ....
a ház, amely a város szélén áll – ....
az útlevél, amely lejárt – ....
a szám, amelyet hívok – ....
a lemez, amelyet Pétertől kölcsönkértem – ....
a készülékek, amelyeket könnyen lehet kezelni – ....
a karácsonyfa, amelyet feldíszítettek – ....

b)

A rendőrség elviszi a *forgalmat akadályozó autót*. _ _ _ _ _ _ _ _ _ _ _
nem válaszol. Ötször meghallgattam _ _ _ _ _ _ _ _ _. Az ajándékokat _ _
_ _ _ _ _ _ _ tettük. Meg kell hosszabbíttatni _ _ _ _ _ _ _ _ _.
A rendőrség szerint _ _ _ _ _ _ _ _ _ arany volt. _ _ _ _ _ _ _ _ _ _
magyar művészek festették. _ _ _ _ _ _ _ _ _ évek óta nem lakik senki sem.
_ _ _ _ _ _ _ _ _ _ mindenki szívesen használja. Felveszem _ _ _ _ _
_ _ _ _ _. _ _ _ _ _ _ _ _ _ _ kiugranak a tűzoltóautóból.

4. Egészítse ki a szöveget a hiányzó szavakkal és végződésekkel, majd írjon (és/vagy beszéljen) hasonló módon saját hazája fővárosáról vagy más fontos városáról!

Budapest, a Magyar Köztársaság főváros... körülbelül az ország közép... helyezkedik _ _ _ , a Duna két part.... A jobb part... Buda, a balon pedig Pest van. A pesti oldal sík vidék, Budán viszont dombok emelked.... Ezek nem magas, a ...magasabb közülük a János-hegy, de ez is csak 529 méter magas. A város területe... több _ _ _ 500 km², és itt lakik Magyarország lakosságának kb. 20%-.... A város területén sok ezer év... élnek emberek. Buda északi rész..., Aquincumban ma is láthat... egy régi római város romjai. A múlt század másod... feléig Pest, Buda és Óbuda három külön város _ _ _ , és csak 1873-... egyesítették őket. A következő évtizedek... Budapest igen gyors... fejlődött, és a XX. század elejére Európa egyik legnagyobb városa... vált. Nem véletlen, hogy a város legfontosabb épületei közül sok... ebben az idő... építettek. Az ekkor épül... épületek közül talán a leghíres... az Országház, a Szépművészeti Múzeum, a Magyar Tudományos Akadémia, az Opera, a Keleti és a Nyugati pályaudvar.

JEGYZETEK

19. LECKE   A

Ismerd meg Magyarországot!

❏ Paul, te egyszer említetted, hogy még sohasem jártál az Alföldön, pedig nagyon szeretnéd látni.

● Így is van. Az Alföld név mindig Petőfit juttatja eszembe. Mennyire szerette az Alföldet!

❏ Szóval azt akarom kérdezni, hogy nem volna-e kedved részt venni egy két-három napos alföldi kiránduláson. Irénnel meg egy holland házaspárral megyünk a hét végén, és bőven van szabad helyünk.

● Kedves tőled, hogy rám gondoltál. Talán szabaddá tudnám tenni magamat. És mi az útitervetek?

❏ Ismerünk egy nagyon jó helyet a Kiskunságban, ahol lovagolni is lehet. Útközben meg akarunk állni Kecskeméten, azután megnézzük a Kiskunsági Nemzeti Parkot. A kedvedért elmennénk Kiskőrösre is, Petőfi szülőházába.

● Remek! Csak egy baj van. Én nem tudok lovagolni, sőt őszintén szólva nagyon félek a lovaktól.

❏ Neked nem kötelező lovagolni. Amíg mi lovagolunk, te gyönyörködhetsz a híresen szép alföldi napfelkeltében, és ismerkedhetsz a tájjal.

● Jó. Azt hiszem, veletek tartok. És viszek magammal egy Petőfi-kötetet is ...

A Mátra és a Bükk lábánál fekvő Eger városát egész évben sok magyar és külföldi turista látogatja. A város nemcsak a várról és szép műemlékeiről híres, hanem finom borairól, középkori borpincéiről is.

Egy szép májusi vasárnap Jan és a felesége is Egerbe indult kirándulni. Turistabusszal mentek, mert a tíznapos dunántúli út után Jannak elege volt a vezetésből. A városhoz közeledve az idegenvezető beleszólt a mikrofonba: „Figyelem, figyelem! Néhány perc múlva megérkezünk Egerbe. A parkoló mellől gyalog indulunk a Bazilikához, és teszünk egy kis városnéző sétát a belvárosban. Ebéd előtt lesz egy jó félóra szabadidő, ezalatt mindenki megkóstolhatja az egri bikavért. Ebéd után felmegyünk a várba. Biztosan sokan tudják már a kézikönyvből, hogy ez a vár Magyarország egyik leglátogatottabb történelmi emléke. Itt harcoltak 1552-ben a hős egriek: férfiak, nők, gyerekek egy hónapon át. Bár alig kétezren voltak a nyolcvanezres török sereggel szemben, a törököknek nem sikerült elfoglalniuk a várat. A vár évszázadokon át épült, és az az érdekessége, hogy bonyolult folyosórendszer van a föld alatt, az úgynevezett kazamaták. A várat végigjárva, remélem, képet kapnak majd az egriek hősi harcáról.

▲ Ez igazán érdekes kirándulás volt ... El fogom olvasni azt a regényt, amiről az idegenvezető beszélt. Le van fordítva németre.

○ Az az író írta, akinek a sírját ott láttuk a várban, igaz?

▲ Igen, Gárdonyi Géza. A könyv címe: Egri csillagok. Film is készült belőle ... Ezt az üveg bort az „egri csillagok" emlékére fogjuk meginni.

B

1.

❑ Ismered Szegedet?

● Igen, elég jól ismerem. Többször voltam ott hosszabb-rövidebb ideig. Miért kérdezed?

❑ Lehet, hogy ott fogok tanulni az orvostudományi egyetemen. Milyen város?

● Mit is mondjak róla? Először is, a Tisza partján fekszik, Magyarország déli határánál. Kb. 180 ezer lakosa van. Legfőbb kulturális nevezetessége a Szegedi Szabadtéri Játékok, amelyet minden nyáron megrendeznek híres magyar és külföldi művészek szereplésével ... Szerintem kellemes város, sok parkja, strandja van, és szép a Tisza-part.

orvosi műszergyár — Debrecen

Fekvése: az Alföld keleti részén
Lakossága: 220 ezer
Nevezetességei: Nagytemplom, egyetemi város a Nagyerdőben, az ország legszebb strandja
tipikus alföldi város, csendes, lassú

laboratórium — Veszprém

Fekvése: a Bakony hegység lábánál
Lakossága: 65 ezer
Nevezetességei: a várnegyed értékes műemlékei (Szent Mihály-templom, Gizella-kápolna), vegyipari egyetem, az ország legszebb állatkertje
nagyon szép város, sok kirándulóhely van a környéken

főiskola — Pécs

Fekvése: a Dunántúl déli részén, a Mecsek lábánál
Lakossága: 168 ezer
Nevezetességei: a székesegyház, török emlékek, rengeteg műemlék, múzeum
nagyon szép város, kulturális központ

gépipari vegyes vállalat — Miskolc

Fekvése: északon, a Bükk lábánál
Lakossága: 211 ezer
Nevezetességei: műszaki egyetem, kilátó az Avas hegyen
nem szép város, ipari központ
a közelében gyönyörű kirándulóhelyek

2.

pihenni akarnak
csendre vágynak

▲ Egy rokonom jön néhány hétre Magyarországra. Megkért, hogy szervezzek neki egy egyhetes vidéki programot. Nincs valami ötleted, hogy hova küldjem?

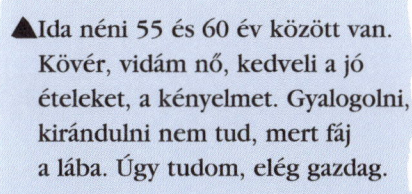

■ Először mondj valamit a rokonodról! Hány éves, mi érdekli, mit szeret csinálni stb.

▲ Ida néni 55 és 60 év között van. Kövér, vidám nő, kedveli a jó ételeket, a kényelmet. Gyalogolni, kirándulni nem tud, mert fáj a lába. Úgy tudom, elég gazdag.

■ Akkor olyan helyre kell küldeni, ahol gyógyfürdő van. Válassz neki egy jó szállodát pl. Harkányban vagy Miskolctapolcán. Ott a környezet is szép.

▲ Kösz, ez jó ötlet!

imád vitorlázni
szereti a természetet

szeret kirándulni
vadászik

lovagolnak
érdeklik őket a falvak,
a népművészet

Szelidi-tó

Budapesttől kb. 100 kilométerre délre, a Dunától 7 kilométerre
5 kilométer hosszú, de keskeny tó csendes, nyugodt vidék
fürdés, horgászás
szálloda, kemping

Vitorlás túra a Balatonon

7 nap
indulás Balatonalmádiból
4 személyes hajók
Tihany, Badacsony,
Boglárlelle stb.

Fábián-tanya

Békéscsabától keletre

Magyarország délkeleti része
kirándulások, horgászás, lovaglás

parasztház (3-4 személy)

Harkány gyógyfürdő

Pécstől délre, kb. 20 km-re
1 versenymedence,
5 gyógymedence
gyógyvíz (35 °C)
szállodák, kemping

Vadásszon a Bükkben!

5 napos vadászprogram
őz, szarvas, vaddisznó
elhelyezés: vadászház

NYELVTAN

Hogyan? `-va, -ve`

János **fut**va érkezik a pályaudvarra.

Az ablak **nyitva van**.
Az ablak **ki van nyitva**.

A csirke **süt**ve jó.
Sütve szeretem a csirkét.

Mikor? `-va, -ve`

Kilépve a kapun elindulok a megálló felé.

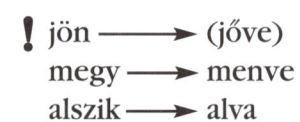

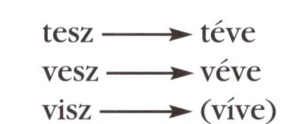

| áll**va** |
| ül**ve** |
| játsz**va** |

! jön ⟶ (jőve)　　tesz ⟶ téve
　megy ⟶ menve　vesz ⟶ véve
　alszik ⟶ alva　　visz ⟶ (víve)

Honnan? `_ _ _ _ mellől`

≈ alól
　fölül
　elől
　mögül
　közül

Elveszem az üveget **a telefon mellől**.

138

SZAVAK

IGÉK
beleszól
elfoglal
elterül
említ
gyönyörködik
harcol
kedvel
kifordul
megkér
megrendez
oszt
sír

FŐNEVEK
borpince
ész
évszázad
figyelem
folyosó
harc
házaspár
hegység
helikopter
kazamata
kötet
lakos
ló
megye
mikrofon
napfelkelte
nevezetesség
sereg
síkság
sír
szempont
szereplés
szülőház
tájegység
termelés
turistaház
útikönyv
útiterv
vodka

MELLÉKNEVEK
alkalmas
hős
hősi
jelentős
jóízű
középkori
látogatott
mezőgazdasági
orvostudományi
szabadtéri
úgynevezett

EGYÉB SZAVAK
amíg
át
bőven
egyötöd
ezalatt
mennyire
múlva
során
számtalan

KIFEJEZÉSEK
Így is van.
eszébe juttat vmit
bőven van vmi
szabaddá teszi magát
őszintén szólva ...
elege van vmiből
tart vkivel
sétát tesz
egy jó félóra/óra
képet kap vmiről
vkinek/vminek az emlékére
Mit is mondjak?
Először is ...
orvosi műszer
Úgy tudom, ...
minden szempontból
nem beszélve vmiről

D

Hogyan?
-va, -ve

1. Egészítse ki a mondatokat a megfelelő képzővel!

a)
A gyerek sír... futott az anyjához. Az idegenvezető mosolyog... fogadta az utasokat. Fut... értük el a buszt. Siet... kell készülődnötök. Vigyáz... vigyétek a bútorokat! A lányok nevet... hallgatták a történetet. Sajnos kés... érkeztem az előadásra.

Egyesítse a mondatpárokat határozói igenév segítségével!

b)
A vodkát hűteni kell. A vodka csak *úgy* jó.
A vodka csak hűtve jó.
Becsomagoltuk az ajándékot. Az ajándékot *így* illik átadni.
Fesd ki a szemedet! A szemed *úgy* jobban mutat.
Süssük vagy főzzük a krumplit? *Így* vagy *úgy* szereted jobban?
Fessük fehérre a nappalit! *Úgy* nagyobbnak fog látszani.
Vágja rövidre a hajamat! Nekem jobban tetszik *úgy*.
A verset lefordították angolra. A vers *így* egészen más, mint az eredeti.

2. Alakítsa át a mondatokat határozói igenév segítségével!

Mikor?
-va, -ve

Megnéztük a filmet, azután beszélgetni kezdtünk.
A filmet megnézve beszélgetni kezdtünk.
Miután befejeztem az egyetemet, három évig dolgoztam a Vízműveknél. Miközben a lányomra vártam, egy furcsa esetet láttam. A turisták végigjárták a múzeumot, azután várost néztek. Miután a defektes kereket kicseréltük, be akartunk szállni. Ha a versenyző megjavítja korábbi eredményeit, Európa-bajnok lehet. Amikor Éva otthagyta korábbi munkahelyét, nehezen tudott elhelyezkedni.

3. Egészítse ki a mondatokat a hiányzó névutóval a képek alapján!

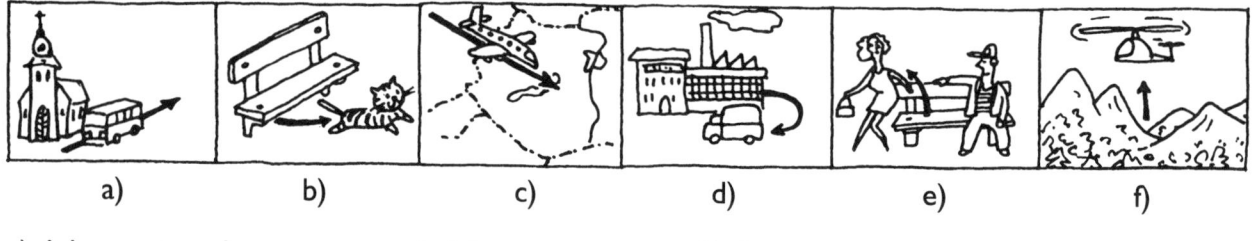

a)   b)   c)   d)   e)   f)

a) A busz a templom __ __ __ indul.
c) A repülőgép Ausztria __ __ __ jön.
e) A nő felállt a padról a férfi __ __ __ .

b) A macska kiugrott a pad __ __ __ .
d) A teherautó kifordul a gyár __ __ __ .
f) A helikopter a hegyek __ __ __ száll fel.

4. Egészítse ki a szöveget a hiányzó szavakkal és végződésekkel, majd beszéljen (és/vagy írjon) hasonló módon saját hazájáról!

Magyarország terület... 93 ezer km², lakossága 10 és fél millió. Az ország 19 megyére van oszt.... Legfontosabb tájegység...: a Dunántúl, az Alföld és az Északi-középhegység. Két fő folyó... a Duna és a Tisza, ez... kívül számos kisebb folyó... van. A Balaton, a „magyar tenger" a Dunántúl közép... terül el. Magas hegyei nincsenek, legmagasabb hegye, a Mátrában talál.... Kékes, csak 1015 m magas. A Dunántúl dombos vidék, a Duna... keletre ___ ___ ___ (fekszik) Alföld viszont síkság. Az ország területének nagy rész... mezőgazdasági termelésre alkalmas. A főváros, Budapest minden szempontból a legjelentős... város, itt él a lakosság egyötöde. Nagyobb városok még: Miskolc, Debrecen, Szeged, Pécs, Győr; ezek ipari központok is. Bár a magyar történelem századai során sok műemlék elpusztult, ma is számtalan érdekes műemlék található az ország különböző vidék.... Az idelátogat... turista szép tájak... és változatos látnivalók... gyönyörködhet, ezenkívül sok szórakozási, sportolási és kulturális lehetőség... talál, nem beszél... a már említ... gyógyfürdőkről, a jóízű ételek... és a finom borok....

JEGYZETEK

20. LECKE

Érezzétek otthon magatokat!

J.: Halló! Horváth lakás.

P.: Szervusz, Juli! Itt Paul.

J.: Paul! De rég hallottam a hangodat! Teljesen eltűntél.

P.: Igen, közben haza kellett mennem Berlinbe. A hét végén pedig egy csodálatos alföldi kiránduláson voltam. De nem ezért hívlak. Egy magyar ismerősöm, Hazai Gábor pénteken kerti mulatságot rendez egy holland házaspár tiszteletére. Engem is meghívott többek között, és azt mondta, hogy vigyem magammal a legjobb barátaimat. Nincs kedvetek eljönni velem?

J.: Ez igazán kedves. És hol lesz az a kerti mulatság?

P.: Gábornak van egy nyaralója, vagy ahogy ő nevezi, vadászháza, valahol ... Hol is? Megvan. Pilisszentlélek mellett, Dobogókő közelében.

J.: Ó, az szép hely lehet. Én nagyon szívesen elmennék. Remélem, Attilának is lesz kedve. Megbeszélem vele, és este felhívlak. Jó?

P.: Jó. Akkor várom a hívásodat.

P.: Halló! Gábor, Irén! Van itt valaki? ... Szervusz, Gábor, megérkeztünk. Ez a kutya nagyon barátságtalanul fogadott minket.

G.: Szervusztok! Isten hozott! Már féltünk, hogy a vendégeink eltévedtek. Ti vagytok az elsők. Kezét csókolom, Hazai Gábor.

J.: Üdvözlöm, Vásári Júlia. És ott jön a férjem, Attila. Ő hozza a süteményt.

G.: Szervusz, Attila! Gyertek, fáradjatok beljebb! Irén hátul van a tűznél, készíti a gulyáshozvalókat.

J.: Jaj, de gyönyörű ez a kert! És micsoda levegő! ... Szervusz, Irén! Már sokat hallottam rólad Paultól. Juli vagyok.

A.: Kezét csókolom, Irén.

I.: Szervusztok! Érezzétek otthon magatokat! Nekem még van egy kis dolgom ... Gábor, tölts valami italt, és gyorsan igyunk pertut! Utálok magázódni.

G.: Máris töltök ... Ki mit iszik? Vodka, pálinka, bor, sör a választék. Tessék, addig is vegyetek pogácsát! ... Úgy hallom, újabb vendégek érkeztek. Paul, légy szíves, tölts helyettem!

❏ Engedje meg, hogy bemutassam a sógoromat!
● Németh Béla.
▲ Hegyi Zoltán. Örülök, hogy megismerhetem.

■ Tudod, ki az az alacsony, kövér, kopasz férfi? Egy parlamenti képviselő.
▲ Igen? Nem is tudtam, hogy ilyen magas rangú vendégeid is vannak. Honnan ismeritek?
■ Bartáék kollégája volt: főmérnökként dolgozott a vállalatuknál.

❏ Hogyhogy ilyen jól beszél magyarul?
▲ Tudja, itt végeztem az egyetemet, és a feleségem is magyar származású.
❏ Ő is itt van most?
▲ Nem, sajnos, most nem tudott velem jönni.

❏ Gyula, te beszélsz németül, ugye? Gyere, segíts! Tolmácsolj nekünk! Krisztina mond valamit, de nem értem.
▲ Azt mondja, hogy nagyon finom a gulyás, bár egész más, mint amit Hollandiában evett.
❏ Azt elhiszem.

❏ Micsoda meglepetés! Művésznő, nem számítottam rá, hogy itt találkozunk.
○ Én sem gondoltam, hogy ön is itt lesz. De örülök, hogy találkozunk. Szerettem volna gratulálni a cikkéhez.
❏ Olvasta?
○ Hát ... nem eredetiben. De lefordították nekem magyarra, és nagyon tetszett. Csak azok a képek?!

❏ Igazán sajnáljuk, de nekünk mennünk kell.
▼ Jaj, de kár! Ilyen hamar?
❏ Sajnos, igen. Pedig remekül éreztük magunkat. Csodálatos este volt.
▼ Örülök, hogy jól éreztétek magatokat.

❑ A mindenit! Elnézést kérek. Nagyon sajnálom.
▲ Ó, ne is törődjön vele! Vízzel könnyen kijön.

❑ Én sokkal jobban szeretek tegeződni. Igyunk pertut, és szólíts Gyurinak!
▲ Jó. És te szólíts Áginak!

■ Milyen szerencse, hogy ilyen gyönyörű idő van!
▲ Bizony, ha esne az eső, és a házban kellene ülnünk, az nem lenne ilyen kellemes.

● Ismered azt a nőt?
▲ Persze. Ő Jan felesége.
● Jané? Az ki?
▲ Nem emlékszel? Ő az a holland üzletember, akit az előbb mutattak be ...
● Ja, már emlékszem.

❑ Sajnos, Marika nem tudott eljönni.
▼ Jaj, de kár! Remélem, nem beteg?
❑ Nem, de vizsgája van holnap, és még tanulnia kell.
▼ Pedig mennyire szereti a társaságot!

❑ Kóstold meg a gulyást! Igazán remek.
○ Sajnos, nem szabad. Az orvos szigorú diétát rendelt.
❑ Tényleg? Hát akkor bizony nem ehetsz belőle. Pedig sajnálhatod.

NYELVTAN

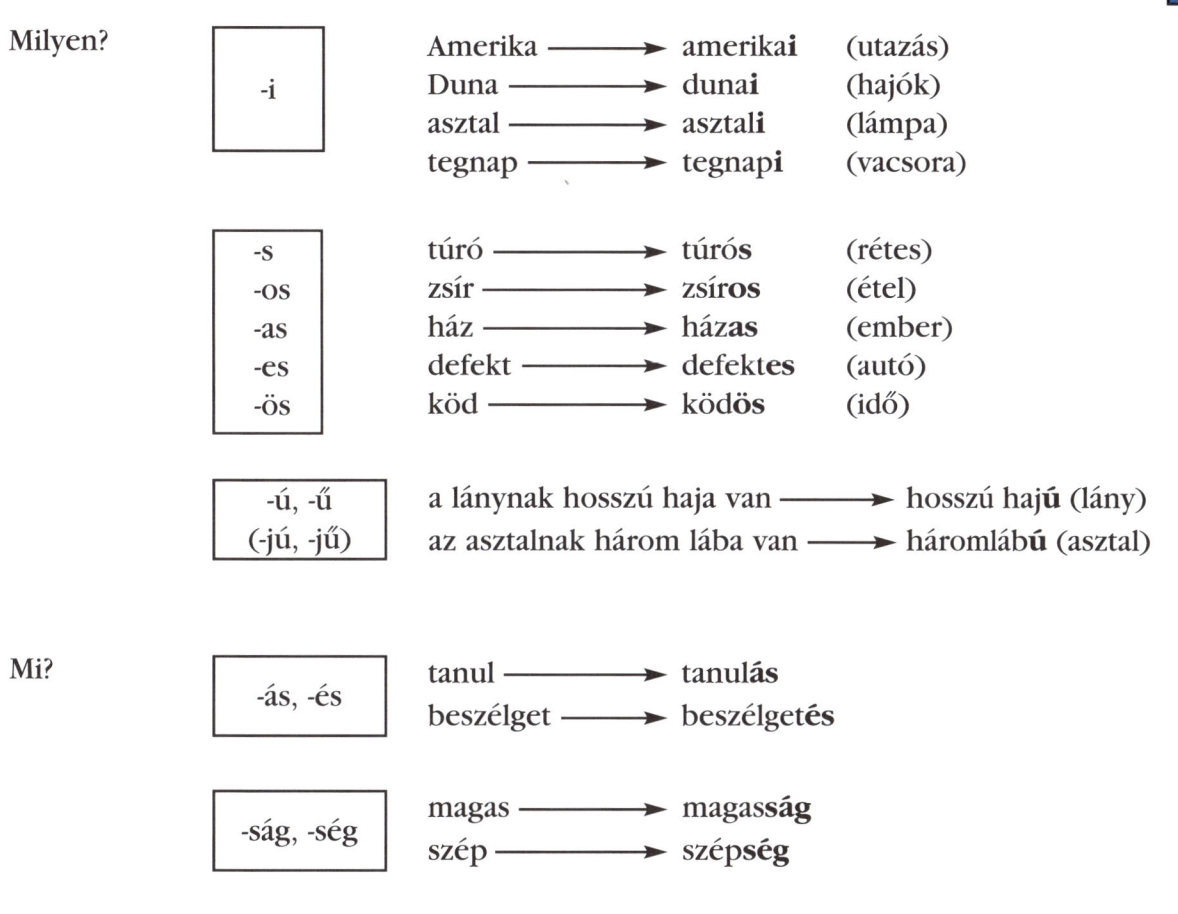

Milyen?

-i		
Amerika → amerika**i**	(utazás)
Duna → duna**i**	(hajók)
asztal → asztal**i**	(lámpa)
tegnap → tegnap**i**	(vacsora)

| -s |
| -os |
| -as |
| -es |
| -ös |

túró → túró**s** (rétes)
zsír → zsír**os** (étel)
ház → ház**as** (ember)
defekt → defekt**es** (autó)
köd → köd**ös** (idő)

| -ú, -ű |
| (-jú, -jű) |

a lánynak hosszú haja van → hosszú haj**ú** (lány)
az asztalnak három lába van → háromláb**ú** (asztal)

Mi?

| -ás, -és |

tanul → tanul**ás**
beszélget → beszélget**és**

| -ság, -ség |

magas → magas**ság**
szép → szép**ség**

Hogyan? -ként

Kovács Péter szerkesztő**ként** dolgozik a kiadóban.

≈ Desszert**ként** sajtot eszem.

SZAVAK

IGÉK
eltéved
fárad
magázódik
megbeszél
szólít
tegeződik
tolmácsol
törődik
viselkedik

FŐNEVEK
főmérnök
gulyáshozvaló
hang
hívás
képviselő
mondás
mulatság
pálinka
pertu
tisztelet
választék

MELLÉKNEVEK
barátságtalan
családi
családos
erdei
hegyi
kertes
kerti
parlamenti
szigorú
vizes
vízi
zenei
zenés

EGYÉB SZAVAK
hogyhogy
rég

KIFEJEZÉSEK
otthon érzi magát vhol
Rég hallottam a hangodat.
vkinek/vminek a tiszteletére
többek között
Isten hozott!
Fáradj(on) beljebb!
pertut iszik
magyar származású
Micsoda meglepetés!
Milyen szerencse!
Ne is törődj vele!
eredetiben olvas vmit
Szólíts(on) ___ ___ ___ nak!
magas rangú
a meghívás vmire szól
Jó tudni, hogy ...
meghív vkit vendégségbe

1. Alkosson jelzős szerkezeteket a képek és a példa alapján!

D

-ú, -ű, -jú, -jű	1.	2.	3.	4.	5.	6.
	arc	láb	víz	alak	márka	fül

1. _keskeny arcú lány_   4. _ _ _ _ _ _ _ _
2. _ _ _ _ _ _ _ _   5. _ _ _ _ _ _ _ _
3. _ _ _ _ _ _ _ _   6. _ _ _ _ _ _ _ _

2. Egészítse ki a mondatokat a megfelelő melléknévképzővel!

| -i |
| -s |
| -os, -as |
| -es, -ös |

A viz.es. ruhát kitesszük a napra. A víz... közlekedésben a Duna fontos szerepet játszik.
István a hegy... levegő kedvéért ment a Bükkbe.
Ausztria hegy... ország.

Magyarország északi részén nagy erdő... területek vannak.
Krisztina gyönyörködött az erdő... virágokban.
Gáboréknak jó kert... bútoraik vannak.
A kert... házban mindig sok munka van.
A család... embereknek sok pénzt kell keresniük.
Szeretek régi család... fényképeket nézni.
A magyar zene... életnek jó híre van külföldön.
Az esküvői vacsorát egy zene... étteremben tartották.

| vízi |
| vizes |
| hegyi |
| hegyes |
| erdei |
| erdős |
| kerti |
| kertes |
| családi |
| családos |
| zenei |
| zenés |

3. Alakítsa át a mondatokat a példa szerint!

-ként

A kastélyt a felújítás után mint szállodát nyitják meg.
A kastélyt a felújítás után szállodaként nyitják meg. _ _
Júlia mint riporter dolgozik Budapesten.
Paul úgy üdvözölte Ibolyát, mint régi ismerőst.
A vendégek szerint Irén bájos volt mint háziasszony.
Csak pirospaprika szükséges a gulyásba mint fűszer.
A híres birkózó mint edző dolgozik, amióta nem versenyez.
A főnök úgy mutatta be a barátnőjét, mint a lányát.

4. Egészítse ki a szöveget a hiányzó szavakkal és végződésekkel, majd beszéljen (és/vagy írjon) arról, milyen szokásokat kell ismernie egy vendégnek az ön hazájában!

Mit kell tudni egy külföldi..., ha magyarok meghívják vendégségbe? Először is, nálunk nem illik egészen pontos... érkezni, jobb, ha 15–20 perc... késik a vendég. A háziasszonynak mindig illik virág... vinni, és ha a meghív... vacsorára szól, akkor egy üveg italt is. Azt is jó tud..., hogy ha magyarok estére hív... vendégeket, általában nem adnak vacsora..., csak italt, szendvicset, süteményt, kávét. Ha vacsora. . . hív. . . a vendégeket, akkor azt szokás előre megmond. . .. A nyugat-európaiak. . . és az angolok. . . képest a magyarok talán túl barátságosak és túl kíváncsiak. Ezért nem kell csodálkoz. . ., ha egy magyar rögtön a megismerked. . . után régi barát. . . viselkedik, és esetleg a magánügyeiről, munkájáról vagy politikai véleményéről kérdez. . . a szegény külföldit. Társaság. . . nálunk általában nem az időjárás. . . szoktak beszélgetni, inkább személy. . . dolgokról. Igaz a mondás: „Ahány ház, __ __ __ szokás."

5. Találós kérdések (Mi az? Miért? stb.)

Ha feldobják, fehér, ha leesik, sárga.
(tojás)

Hogy hívják a gyereket magyarul?
(Gyere ide!)

Mindig volt, és mindig lesz, de öthetes sose lesz.
(sose = sohasem)   (Hold)

Miért csinálják a házat?
(pénzért)

Mindennap felkel láb nélkül.
(Nap)

Melyik három ember a legöregebb a földön?
(szeptember, november, december)

JEGYZETEK

Nyelvtani táblázatok
I. Igék

1/A Felszólító mód

ad szed lök			Alanyi ragozás		Tárgyas ragozás	
	1	-j	-ak	-ek	-am	-em
	2		(-ál)	(-él)	(-a)d	(-e)d
	3		-on	-en / -ön	-a	-e
	1 1		-unk	-ünk	-uk	-ük
	2 2		-atok	-etek	-átok	-étek
	3 3		-anak	-enek	-ák	-ék
					-alak	-elek

(én) { ad**jak** / szed**jek** / lök**jek** } valamit

(te) ad**jad**/a**dd** a pénzt
(mi) szed**jük** a gyümölcsöt
(én) (meg)lök**jelek** (téged) stb.

≈ tanul**jak**, ír**jatok**, ébred**jen**, vár**ja**, kér(**je**)d rendel**jünk** stb.

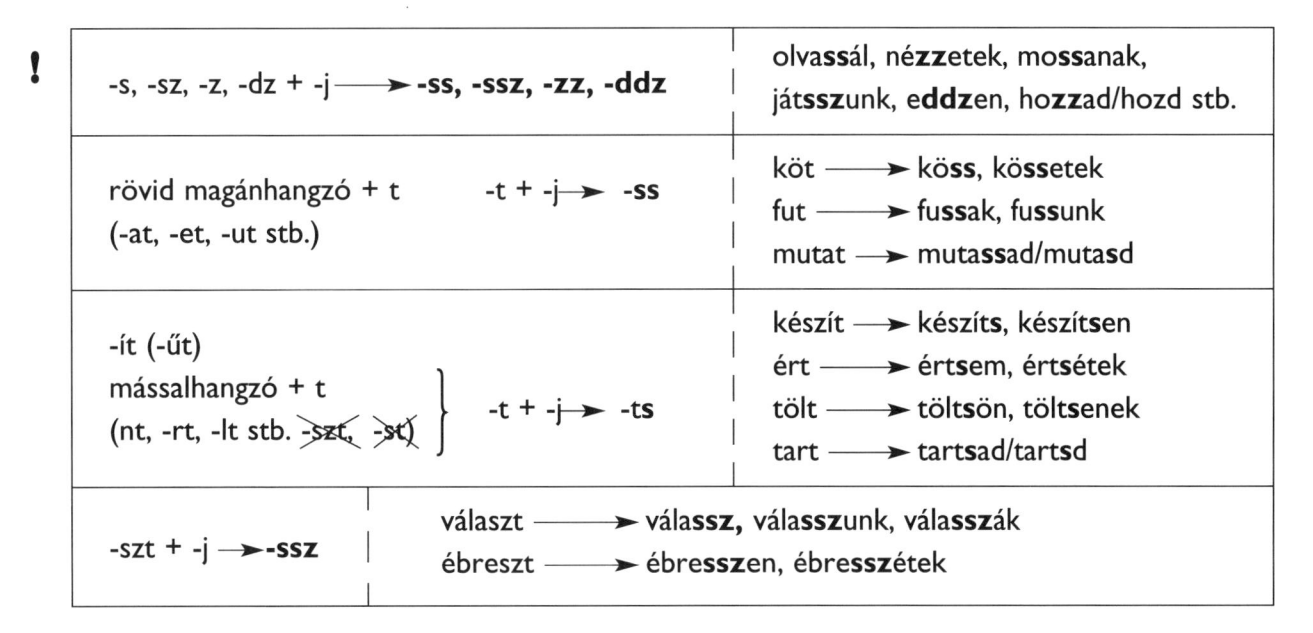

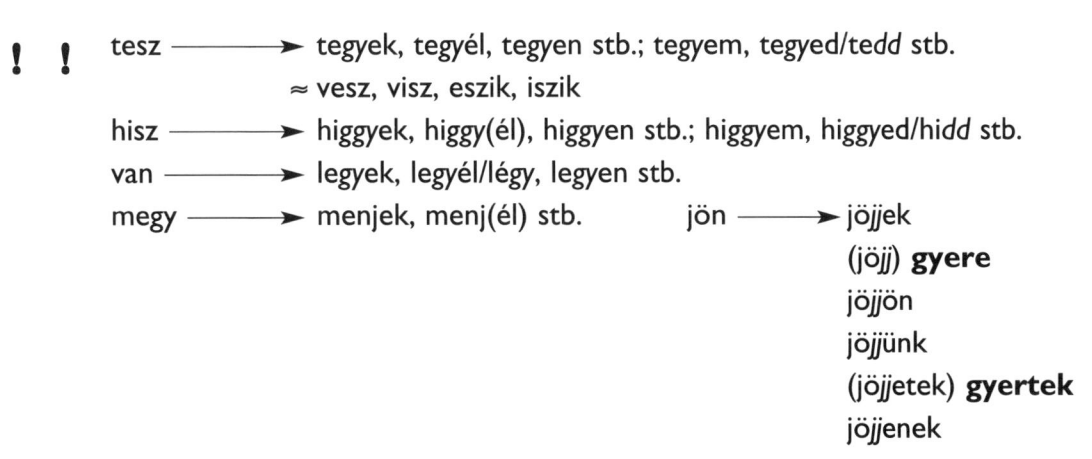

!

-s, -sz, -z, -dz + -j ⟶ **-ss, -ssz, -zz, -ddz**	olva**ss**ál, né**zz**etek, mo**ss**anak, játs**ssz**unk, e**ddz**en, ho**zz**ad/hozd stb.
rövid magánhangzó + t (-at, -et, -ut stb.) -t + -j ⟶ **-ss**	köt ⟶ kö**ss**, kö**ss**etek fut ⟶ fu**ss**ak, fu**ss**unk mutat ⟶ muta**ss**ad/muta**s**d
-ít (-űt) mássalhangzó + t (nt, -rt, -lt stb. ~~-szt, -st~~) } -t + -j ⟶ **-ts**	készít ⟶ készí**ts**, készí**ts**en ért ⟶ ér**ts**em, ér**ts**étek tölt ⟶ tölt**s**ön, tölt**s**enek tart ⟶ tart**s**ad/tart**s**d
-szt + -j ⟶ **-ssz**	választ ⟶ vála**ssz**, vála**ssz**unk, vála**ssz**ák ébreszt ⟶ ébre**ssz**en, ébre**ssz**étek

---

! !

tesz ⟶ tegyek, tegyél, tegyen stb.; tegyem, tegyed/te**dd** stb.
    ≈ vesz, visz, eszik, iszik
hisz ⟶ higgyek, higgy(él), higgyen stb.; higgyem, higgyed/hi**dd** stb.
van ⟶ legyek, legyél/légy, legyen stb.
megy ⟶ menjek, menj(él) stb.   jön ⟶ jöjjek
                                                                            (jöjj) **gyere**
                                                                         jöjjön
                                                                         jöjjünk
                                                                        (jöjjetek) **gyertek**
                                                                         jöjjenek

1/B Feltételes mód

			Alanyi ragozás		Tárgyas ragozás	
ad	1	-né-	-k		-m	
szed	2		-l		-d	
	3	-ná	´∅		∅	
lök	1 1	-né	-nk		-nk	
	2 2		-tok	-tek	-tok	-tek
	3 3		-nak	-nek	-k	
					-lak	-lek

(én) { adn**ék** / szedn**ék** / lökn**ék** } valamit
(te) ad**nád** a pénzt
(mi) szed**nénk** a gyümölcsöt
(én) (meg)lök**nélek** (téged)
(ő) sétál**na** stb.
≈ olvas**nám**, lát**nátok**, ébred**nének**, ír**nának** stb.

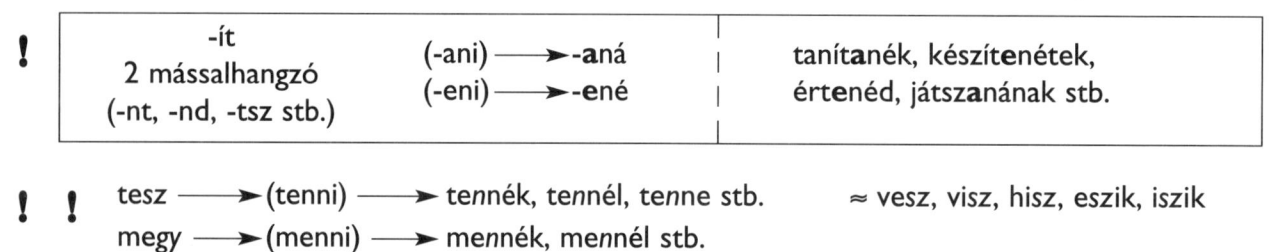

!
-ít 2 mássalhangzó (-nt, -nd, -tsz stb.)	(-ani) ➤ -aná (-eni) ➤ -ené	taní**ta**nék, készí**te**nétek, érte**ne**néd, játsza**na**nának stb.

! ! tesz ➤ (tenni) ➤ ten**nék**, ten**nél**, ten**ne** stb. ≈ vesz, visz, hisz, eszik, iszik
megy ➤ (menni) ➤ men**nék**, men**nél** stb.
van ➤ (lenni) ➤ len**nék**, len**nél** stb.
(vol**nék**, vol**nál** stb.)

II. Alárendelt összetett mondatok

	Rámutatószó	Kötőszó				
Ki(...)? Mi(...)?	az(...)	aki(...) ami(...)	hogy			ha
Hol? Hova? Honnan?	ott oda onnan		ahol ahova ahonnan			
Merre? Merről?	arra arról		amerre amerről			
Mikor?	akkor		amikor			ha
Mióta?	azóta		amióta	hogy		
Meddig?	addig		ameddig (amíg)	hogy		
Hogyan?	úgy		ahogy(an)	hogy	mint	mintha
Miért?	azért			hogy	mert	
Melyik?	az	amely(ik)				
Milyen?	olyan	amilyen				
Mennyi?	annyi	amennyi	hogy		mint	mintha
Hány?	annyi	ahány				
Mekkora?	akkora	amekkora				

III. Névutók

Hova?	Hol?	Honnan?
alá	alatt	alól
fölé	fölött	fölül
elé	előtt	elől
mögé	mögött	mögül
mellé	mellett	mellől
közé	között	közül
köré	körül	–
felé	–	felől

1	alám	mellettem	alólam
2	alád	melletted	alólad
3	alá(ja)	mellette	alóla
1 1	alánk	mellettünk	alólunk
2 2	alátok	mellettetek	alólatok
3 3	alájuk	mellettük	alóluk

≈ alatt, fölé, fölött stb.
≈ szerint, helyett, nélkül, miatt, után stb.
! körül → körülöttem, körülötted stb.

IV. Személyes névmások

	1	2	3	1 1	2 2	3 3
Ki?	én	te	ő	mi	ti	ők
Kit?	engem	téged	őt	minket	titeket	őket
Kinek?	nekem	neked	neki	nekünk	nektek	nekik
Kié?	enyém	tied	övé	mienk	tietek	övék
Kiéi?	enyéim	tieid	övéi	mieink	tieitek	övéik
Kivel?	velem	veled	vele	velünk	veletek	velük
Kiért?	értem	érted	érte	értünk	értetek	értük

Hova?			Hol?			Honnan?		
Kibe? / Mibe?	bele	→•	Kiben? / Miben?	benne	•	Kiből? / Miből?	belőle	•→
Kire? / Mire?	rá	→•	Kin? / Min?	rajta	•	Kiről? / Miről?	róla	•→
Kihez? / Mihez?	hozzá	→•	Kinél? / Minél?	nála	•	Kitől? / Mitől?	tőle	•→

1	rám	tőlem	rólam
2	rád	tőled	rólad
3	rá(ja)	tőle	róla
1 1	ránk	tőlünk	rólunk
2 2	rátok	tőletek	rólatok
3 3	rájuk	tőlük	róluk

≈ bele, benne, rajta, nála stb.

Szavak

i = ige; f = főnév; m = melléknév; e = egyéb szó;
vt = valakit/valamit; vre = valakire/valamire stb.

abbahagy vt	i	3	árul vt	i	13
ablaktörlő	f	5	asztalos	f	17
adat	**f**	**6**	**át**	**e**	**19**
ahelyett	e	15	átépít vt	i	18
ajándék	**f**	**7**	átöltözik	i	6
ajándékoz vt vkinek	**i**	**16**	**augusztus**	**f**	**1**
ajánlat	f	9	autóklub (-ja)	f	11
ajánlott	m	4	automata	f	6
akadályoz vt	**i**	**5**	autópálya	f	5
aki	**e**	**1**	autóút	f	5
akkora	**e**	**15**	ázik	i	8
akkumulátor	f	5	aznap	e	10
alá	**e**	**6**	baba	f	16
alak (-ja)	**f**	**13**	**bácsi**	**f**	**7**
alapít vt	i	18	bájos	m	13
album (-ja)	f	16	bajuszos	m	7
alkalmas	m	19	bán vt	i	7
alkalmazkodik vhez	i	1	banán (-ja)	f	16
alkalom (-lmak)	**f**	**13**	**bár**	**e**	**5**
állandó	**m**	**18**	baracklé	f	15
állapot	f	17	barátságtalan	m	20
állás	**f**	**1**	**bárcsak**	**e**	**16**
álláshirdetés	f	12	barkácsgép	f	16
állatorvos	f	3	barkácsol	i	16
állít vt	**i**	**7**	barlang (-ja)	f	18
almalé	f	15	bármikor	e	13
alól	**e**	**19**	becsomagol vt	i	6
aluljáró	f	4	bedob vt	i	6
amekkora	**e**	**15**	bedug vt	i	11
amely	**e**	**1**	beenged vt	i	6
amelyik	**e**	**1**	**befejez vt**	**i**	**6**
ami	**e**	**1**	befest vt	i	17
amíg	**e**	**19**	beír vt (-ok)	i	17
amióta	**e**	**16**	**beiratkozik vhova**	**i**	**3**
anélkül	e	15	**bejárat**	**f**	**18**
angyal	f	7	bejelentkezik	i	17
annál	e	17	bejgli	f	7
anyag	**f**	**4**	**bejön**	**i**	**6**
annyi	**e**	**14**	bejut	i	14
április	**f**	**1**	**bekapcsol vt**	**i**	**2**
apróság	f	4	beköt vt	i	6
ár (-ak)	**f**	**3**	beküld vt	i	15
aranyérem (-érmek)	f	12	**bele**	**e**	**16**
arcbőr	f	17	beleegyezik vmibe	i	11
árfolyam	f	4	beleszól vmibe	i	11

belgyógyász f	17
belőle e	**16**
belül e	10
benéz vhova i	16
benzinkút (-kutat, -ja) f	15
berak vt vmibe i	18
betart vt i	15
betegség f	**16**
betölt vt i	16
betöm vt i	17
betör vhova i	16
bevált vt i	**4**
bevisz vt i	6
biológia f	**16**
birkózó f	12
biztos m	**6**
boldog (-ok) m	**7**
boldogít vt i	3
bonyolult m	**15**
borpince f	19
borjú f	15
bőr f	**6**
bőven e	19
bridzsel i	16
búcsúzik i	10
buli f	**7**
bunda f	15
büfésnő f	15
cél (-ok, -ja) f	**10**
cérna f	16
cikk f	**13**
cipzár (-ak) f	16
citrom (-ja) f	**16**
cukorbaj f	6
csakhogy e	5
családi m	20
családos m	20
családtag (-ja) f	7
csapat f	**12**
csapattárs (-ak) f	12
cseresznye f	**16**
csíkos m	16
csillag f	**10**
csináltat vt i	17
csoda f	5
csodálkozik i	**15**
csókol vt i	**4**
csomagtartó f	5
csomagmegőrző f	10
csónakázik i	9
cső (csövek) f	15
csőtörés f	11
csúcsforgalom (-lmat) f	5
csúszós m	5
dal f	**7**
december f	**1**
defekt (-je) f	11
defektes m	11
dél f	**8**
diéta f	6
díj (-ak) f	**3**
diktál i	1
dinamó f	11
diploma f	**3**
diszkoszvetés f	12
dísztávirat f	13
divatbolt (-ja) f	13
dob vt i	**12**
dollár (-ja) f	4
dombos m	9
dörög (dörgött) i	8
dugó f	11
ebédszünet f	15
ecset f	16
edény f	**16**
édesség f	**6**
edzés t	12
edző f	**1**
ég (eget) f	**6**
ég i	11
egészen e	3
éghajlat f	**8**
egyébként e	2
egyelőre e	**13**
egyéni m	12
egyenletes m	5
egyesít vt i	18
egyiptomi m	18
egyötöd e	19
egyszerre e	10
egyszerű m	**3**
eláll i	5
elaltat vt i	6
eldönt vt i	**9**
elé e	**6**
elégedett m	**14**
elégséges f	15
elégtelen (-je) f	15
eleje f	**7**
elénekel vt i	17
elér vt i	**8**
éles m	6

életkor	f	6	elzár vt i	11
elfelejt vt i		**6**	**emel vt i**	**12**
elfér vhol i		18	**emelkedik i**	**8**
elfoglal vt i		19	emellett e	14
elfoglalt m		**16**	emelő f	11
elhalaszt vt i		**10**	említ vt i	19
elhatároz vt i		**10**	**engedély f**	**4**
elhelyez vt i		6	**enyém e**	**2**
elhelyezkedik i		**10**	**épít vt i**	**16**
elhisz vt i		**6**	építés f	18
elhoz vt i		8	építész f	18
elindít vt i		**5**	**épül i**	**18**
elintéz vt i		**4**	érdekesség f	18
elismétel vt i		17	**érdeklődik i**	**15**
eljátszik vt i		17	erdei m	20
elkér vt i		12	**érdemes m**	**8**
elkerül vt i		5	**eredeti m**	**15**
elkésik i		**15**	eredetileg e	4
elkezd vt i		**16**	**eredmény f**	**12**
elkísér vt i		**2**	érem (érmek) f	12
elkövet vt i		5	**éretlen m**	**16**
ellátás f		**9**	**érett m**	**16**
ellenőriz vt i		**5**	érettségizik i	3
elméleti m		**14**	**érte e**	**11**
elmesél vt í		2	**értékes m**	**9**
elmond vt i		**5**	értesítés f	13
elmosogat i		7	esély f	12
elmúlik i		**6**	esélyes m	12
elnézés f		2	**eset f**	**5**
elolt vt i		**10**	**esetleg e**	**8**
előállít vt i		**3**	**esküvő f**	**13**
előbb e		**8**	esőkabát (-ja) f	8
előfordul i		**8**	esténként e	14
előkelő m		10	**ész (eszem) f**	**19**
elöl e		**17**	**észak f**	**8**
elönt vt i		15	**észrevesz vt i**	**10**
előre e		**1**	**európai m**	**18**
előszezon (-ja) f		9	évente e	5
előző m		**14**	**évszak f**	**8**
elpusztul i		18	**évszázad f**	**19**
elromlik i		**11**	**évtized f**	**18**
elsajátít vt i		14	**ezalatt e**	**19**
eltalál vt i		13	**ezenkívül e**	**9**
elterül i		13	ezentúl e	8
eltesz vt i		2	ezermester f	16
eltéved i		**20**	faház (-ak) f	9
eltörik i		**15**	**fájdalom (-lmak) f**	**6**
elvámolnivaló f		10	fárad i	20
elvesz vt i		**2**	fáradtság f	16
elveszik i		**16**	farok (farkak) f	16
elveszt vt i		**16**	**február (-ja) f**	**1**

fegyver f	10	fogad i	16
fejleszt vt i	14	**fogalom (-lmak)** f	14
fejlett m	12	**foglalkozik vvel** i	13
fejlődik i	18	**foglalt** m	1
fejt vt i	16	**fogyaszt vt** i	5
fék (-je) f	5	fokozatos m	8
fékez i	5	folyosórendszer f	19
fékfolyadék (-ja) f	11	**folytat vt** i	5
féklámpa f	5	fonal (-ak) f	16
fekvés f	19	fordítás f	14
fél vtől i	6	fordító f	3
feldíszít vt i	7	**fordul** i	4
felé e	5	**forma** f	17
felébreszt vt i	6	forog (forgok) i	6
felejt vt i	6	**forradalom (-dalmak)** f	7
felépítés f	18	**fotó** f	17
felesleges m	8	fotóriporter f	1
felfelé e	8	fotós f	1
felhő f	8	**fő** m	1
felhős m	8	**fölé** e	6
félidő (-ideje) f	12	**fölül** e	17
felír vt (-ok) i	6	főmérnök f	20
felolvas vt i	17	**főnök** f	10
felől e	5	főorvos f	6
félpanzió f	9	főszezon (-ja) f	9
felsőfok f	14	főút (-utak, -ja) f	9
felsőfokú m	14	frissítő f	18
felszerel vt i	17	**furcsa** m	9
feltalál vt i	15	futás f	12
feltétlenül e	12	**futball (-ja)** f	12
felújítás f	17	futballmeccs f	10
felvezet i	18	**függ vtől** i	9
fém f	15	fürdőhely f	9
fenyőfa f	7	**fürdőruha** f	8
fényszóró f	5	füstöl i	11
fest i	16	**fűszer** f	10
festék f	16	gallér (-ja) f	16
figyelem (-lmet) f	19	Gázművek f	11
filmfesztivál (-ja) f	3	gazdálkodik i	14
filmkritikus f	1	gázszag f	11
filmrendező f	1	gázszivárgás f	11
filmstúdió f	14	gépies m	14
filmszínész f	1	gépipar f	19
filmszínésznő f	1	**gépkocsi** f	5
fizetés f	14	**gimnázium** f	3
fizetővendég-szoba f	9	**gomb (-ja)** f	6
fizika f	15	**gond (-ja)** f	7
fizikai m	14	**gondolkodik** i	16
fizikus f	1	gótikus m	18
fodrászat f	10	**gratulál vkinek** i	12
fog i	8	gulyáshozvaló f	20

gumi f	11	
gyakorlati m	**14**	
gyakorol vt i	**11**	
gyalogol i	**8**	
gyermekbetegség f	6	
gyertya f	5	
gyógyfürdő f	9	
gyógymedence f	19	
gyógyszerész f	3	
gyógyulás f	9	
gyógyvíz (-vizet) f	19	
gyomorfekély f	6	
gyors (vonat) f	2	
gyorsír i	14	
gyorsúszás f	12	
gyönyörködik i	19	
gyönyörű m	**7**	
győz i	**12**	
győzelem (-lmek) f	**12**	
gyufásdoboz f	15	
gyújt vt i	**7**	
gyűjt vt i	**16**	
gyümölcslé f	**15**	
hagyomány f	7	
hajnal f	6	
hajszín f	17	
hajt i	14	
hálóing f	6	
hálókocsi f	10	
hamutartó f	6	
hang (-ja) f	**20**	
haragszik (-gudni) i	**3**	
harc f	19	
harcol i	**19**	
harmad f	12	
hasonlít vhez i	**16**	
hasonló m	**10**	
hatalmas m	**7**	
határ f	**5**	
hátha e	**4**	
hátlap (-ja) f	6	
hátsó m	**11**	
hátul e	17	
havazik i	**8**	
házaspár (-ja) f	19	
házasság f	**13**	
házasságkötés f	13	
hazatér i	10	
hazavisz vt i	16	
hegyes m	9	
hegyi m	20	
hegyvidék f	9	
hegyvidéki m	9	
helikopter f	19	
helyes m	**13**	
helyett e	**16**	
helyjegy f	2	
hetente e	12	
hiányzik (-nyozni) i	**11**	
hiba f	**15**	
hibabejelentés f	11	
hirdetés f	14	
hiszen e	**2**	
hívás f	20	
hívat vt i	15	
hivatalos m	**13**	
hó (havat) f	**8**	
hobbi f	16	
holmi f	**6**	
horgászik i	2	
horgászbot (-ja) f	8	
hozzáfog i	14	
hozzátölt i	11	
hőemelkedés f	6	
hőmérséklet f	**8**	
hős (-ök) m	19	
hősi m	19	
hull i	8	
humorérzék f	15	
húsvét (-ja) f	7	
hűt vt i	**11**	
hűtő f	5	
hűtőgép f	15	
hűvös m	8	
ideér i	5	
idegen m	**14**	
idegenvezető f	18	
ideges m	**14**	
idegesség f	14	
idejében e	9	
időben e	**10**	
időjárás f	**8**	
időjárás-jelentés f	8	
időpont (-ja) f	**9**	
időtöltés f	16	
igazi m	**4**	
igazság f	**3**	
igyekszik i	**15**	
illet vt i	14	
illetve e	**2**	
ilyesmi e	17	
index f	5	

indiai m	1		kedvel vt i	19
indulás f	19		keksz f	6
információ f	**9**		**kelet f**	**8**
intézkedik i	17		**kellemetlen m**	**2**
ipari m	**19**		**kemény m**	**16**
iparos f	17		**kémia f**	**15**
irány f	**5**		**kemping (-je) f**	**5**
irigyel vt i	16		kényelem (-lmet) f	19
író f	**1**		képest (vhez ~) e	3
ismeret f	14		képviselő f	20
ismerkedik vvel i	**19**		**képzel vt i**	**7**
izgalmas m	7		**kérdés f**	**3**
izgatott m	7		**kerék (kerekek) f**	**5**
izgul i	5		**kerékpár (-ja) f**	**12**
január (-ja) f	**7**		kérelem (-lmek) f	10
japán (-ok) m	15		keresztrejtvény f	16
járat f	10		kertészmérnök f	13
jármű (-művek) f	**5**		kertes m	20
járművezető f	5		kerti m	20
játék f	**19**		késés f	10
játékpisztoly f	16		**késik i**	**10**
javasol vt i	**7**		későbbi m	13
javít vt i	**12**		**kész m**	**16**
jelent vt i	**5**		**kevés (keveset) e**	**5**
jelentkezés f	14		**kevésbé e**	**11**
jelentős m	19		**kezdve (vtől ~) e**	**7**
jelez vt i	**5**		kézimunkázik i	16
jeles f	15		**kiabál i**	**4**
jó f	15		kiad vt i	9
jogosítvány f	**5**		**kicserél vt i**	**5**
jóízű m	19		kicsoda? e	16
jóképű m	13		kifest vt i	17
jókor e	16		kifordul i	19
jövő m	**1**		kihagy vt i	9
jövőre e	**14**		kihúz vt i	11
július f	**1**		kikérdez vt i	6
junior m	12		kikeres vt i	17
június f	**1**		kiküld vt i	11
jut i	**5**		kilátó f	19
jutalom (-lmak) f	11		**kimos vt i**	**17**
kagyló f	6		**kínál vt i**	**7**
kanyar f	5		kioszt vt i	6
kapcsol vt i	**11**		kipihen vt i	9
kapitány f	10		**király f**	**7**
kápolna f	19		**kirándulás f**	**18**
karácsony f	**7**		kirándulóhely f	19
karácsonyfa f	7		kirándulóidő (-ideje) f	8
karácsonyi m	7		**kísér vt i**	**14**
kastély f	9		**kitakarít vt i**	**6**
kazamata f	19		kitalál vt i	16
kazetta f	**1**		kitisztít vt i	17

kitűnő	m	1	külön e	18
kiválaszt	vt i	6	**különböző** m	7
kivesz	vt i	6	**különbség** f	5
kivétel	f	18	különleges m	9
kívül	e	12	különös m	2
kívülről	e	18	labdajáték f	12
klasszicista	m	18	lakásfelújítás f	17
koccint	i	7	lakatos f	11
kockás	m	16	lakodalom (-lmak) f	13
kolléga	f	15	lakos f	19
konditerem (-termek)	f	12	**lakosság** f	19
konnektor	f	11	látnivaló f	9
kontinentális	m	8	**látogat** i	9
konzul (-ja)	f	1	**látogatás** f	6
kopasz (-ok)	m	13	látogató f	18
kopott	m	17	lázmérő f	6
korábban	e	17	leáll i	11
korcsolya	f	8	leállít vt i	15
kórlap (-ja)	f	6	ledolgoz vt i	15
kórterem (-termek)	f	6	leenged vt i	16
kormány	f	5	lefényképez vt i	17
kosárlabda	f	12	lefoglal vt i	10
kosárlabdázik	i	12	lefordít vt i	6
kozmetika	f	13	**legfeljebb** e	5
kozmetikus	f	17	legközelebbi m	2
köd (-je)	f	8	legutolsó m	16
kölcsönad vt	i	11	**legyőz** vt i	12
kölcsönkér vt	i	11	**lehetetlen** m	4
költő	f	1	**lehetőleg** e	10
költözik	i	3	**lehetőség** f	12
kőműves	f	17	**lehetséges** m	8
köré	e	6	lejár i	10
környezet	f	9	lemezjátszó f	6
körte	f	16	**lenne** (← van) i	14
körülvesz	i	18	lerak vt i	17
kötelező	m	13	leszállás f	13
kötet	f	19	levelező f	3
kötött	m	14	levizsgázik i	15
közé	e	6	**lexikon** (-ja) f	16
közeledik	i	7	limonádé f	6
közepes	f	15	**ló (lovak)** f	19
közepes	m	16	lottózik i	14
középfokú	m	14	lovaglás f	10
középkori	m	19	lovaglócsizma f	16
közgazdasági	m	10	lovasiskola f	14
közlekedik	i	9	lő (lövök) i	12
köztársaság	f	18	lyukas m	17
közül	e	1	**macska** f	10
közvetlen	m	10	magánélet f	14
kulturális	m	19	magánház (-ak) f	9
külkereskedő	f	3	magánügy (-ek) f	1

magasugrás f		12
magazin (-ja) f		1
magázódik i		20
május f		**1**
málna f		16
maratoni f		12
március f		**1**
másodosztály f		2
matematika f		**15**
másnap e		**6**
meccs f		**11**
medence f		19
megad vt vkinek i		1
megállít vt i		**11**
megállapít vt i		6
megázik i		8
megbeszél vt vkivel i		**10**
megbocsát vkinek i		**11**
megbukik i		3
megcsodál vt i		18
megcsókol vt i		**7**
megelőz vt i		**15**
megenged vt i		**9**
megengedett m		5
megért vt i		**6**
megfázik i		**8**
megfelelő m		**5**
meggyújt vt i		**7**
meghagy vt i		17
meghal i		**1**
meghívó f		**13**
meghosszabbíttat vt i		10
megijed i		**6**
megint e		**3**
mégis e		**8**
megismerkedik vvel i		**9**
megjavít vt i		**6**
megjegyez vt i		9
megjelenik i		**3**
megkér vt i		19
megkérdez vt i		**11**
megkezdődik i		5
megkezel vt i		17
megköt vt i		2
meglát vt i		**4**
meglocsol vt i		7
megmagyaráz vt i		**17**
megmér vt i		**5**
megmond vt i		**5**
megnyer vt i		12
megnyom vt i		6
megnyugszik i		8
megoperál vt i		**6**
megpróbál vt i		**5**
megrendez vt i		19
mégsem e		**16**
megsérül i		**5**
megsüt vt i		**6**
megszáll i		9
megszeret vt i		14
megszólít vt i		16
megtakarít vt i		17
megtanít vt i		**6**
megtervez vt i		9
megtesz vt i		**11**
megtilt vt i		**9**
megújít vt i		10
megünnepel vt i		9
megvizsgál vt i		**6**
megye f		19
meggy f		16
mekkora? e		**15**
mellé e		**6**
mellől e		**19**
mély m		**9**
menetrend (-je) f		**10**
menettérti m		2
menny f		7
mennyire? e		**19**
mer vt i		**16**
mérföld (-ek, -je) f		5
mérkőzés f		**12**
mérsékelt m		8
merre? e		**5**
merről? e		**5**
mesél i		**13**
mesterember f		17
méter f		**5**
méz f		**16**
mezőgazdasági m		**8**
micsoda? e		16
mienk e		**2**
mikrofon (-ja) f		19
milliomos f		1
mindegyik e		**15**
mindenekelőtt e		3
mindenesetre e		**13**
mindenképpen e		**12**
minél e		**8**
minőség f		**5**
mint e		**3**
mintha e		**15**

mínusz	m	8	nevet i	6
mióta?	e	3	nevez vt vnek i	16
mivel	e	18	nevezetesség f	19
módszer	f	6	nézőtér (-terek) f	18
mondás	f	20	nos e	14
mondat	f	6	növény f	6
mosópor	f	6	nyakkendő f	7
mostani	m	6	nyaralás f	8
motel (-ek, -je)	f	9	nyaraló f	9
mozgás	f	8	nyelvtanfolyam f	13
mozog (mozgok)	i	6	nyelvtudás f	15
mögé	e	6	nyer i	12
mögül	e	19	nyom f	6
mulat	i	7	nyugat f	8
mulatság	f	20	nyúl vhez i	11
múlva	e	19	ok f	10
munkaidő (-ideje)	f	14	okoz vt i	5
munkanélküli	f	14	október f	1
munkanélküliség	f	14	ólommentes m	11
munkatárs	f	7	olvasó f	1
mű (művek)	f	18	optimista m	12
műanyag	f	15	óránként e	5
műemlék	f	9	országjáró f	9
műfordító	f	3	országút (-utak, -ja) f	11
műhely	f	5	orvostudományi m	19
műszer	f	19	oszlopsor f	18
műtét	f	6	oszt vt i	19
műtő	f	6	osztályvezető f	1
művész	f	1	óta e	3
nagybácsi	t	7	otthagy vt i	14
nagypapa	f	1	otthonról e	4
nagyság	f	16	óvoda f	14
nagyszerű	m	15	óvónő f	3
napfelkelte	f	19	ölel vt i	4
nappal	e	10	öltöny f	17
napszemüveg	f	8	öltöző f	3
naptár (-ak)	f	7	önéletrajz f	3
narancs	f	16	ördög f	11
nászajándék	f	13	ősz f	8
nászút (-utak, -ja)	f	15	őszibarack (-ja) f	16
nedves	m	5	őszinte m	4
negyed	f	12	összeköt vt i	18
nehézsúly	f	12	összes e	6
nemcsak	e	5	összeütközik i	5
nemrég	e	1	ötlet f	17
nemsokára	e	15	öttusázik i	12
néni	f	1	öttusázó f	12
neogótikus	m	18	öv (-ek) f	5
neoreneszánsz	m	18	övé e	2
népművészet	f	19	övék e	2
nevel vt	i	17	őz (-ek, -et) f	19

pálinka f	20	
panaszkodik i	16	
panzió f	**9**	
paradicsomlé f	15	
paraszt (-ja) f	**3**	
parasztház (-ak) f	9	
párbeszéd f	**17**	
parketta f	17	
parkettás f	17	
parlamenti m	20	
párszor e	8	
például e	**9**	
pertu f	20	
perui m	10	
pezsgő f	7	
pince f	18	
pisztoly f	10	
polgári m	13	
politikai m	**14**	
politikus f	1	
próbaidő (-ideje) f	15	
próbál vt i	**1**	
probléma f	**11**	
professzor f	**3**	
prospektus f	9	
pulyka f	7	
puska f	16	
ráadásul e	14	
rang (-ja) f	20	
ráül vre i	16	
rég e	**20**	
régebben e	12	
régen e	**1**	
regény f	**3**	
régóta e	**1**	
rejtvényújság (-ja) f	16	
rémes m	17	
rendes m	**14**	
rendetlen m	**2**	
rendetlenség f	17	
rendkívül e	**13**	
rendszámtábla f	5	
rendszer f	**15**	
repülőgép f	**8**	
résztvevő f	18	
retúr (-ja) f	2	
riport (-ja) f	**1**	
ritka m	**13**	
rom (-ja) f	18	
római m	18	
rögtön e	**7**	
saját maga e	3
sajtótájékoztató f	4
sakk-készlet f	16
sapka f	**8**
sárgabarack (-ja) f	**16**
sáv (-ja) f	5
seb f	**6**
sebesség f	**5**
sebességváltó f	5
sebes m	6
segélyszolgálat f	11
segítség f	**9**
sejt vt i	13
semmiség f	6
sereg f	19
sérült (-je) m	5
séta f	**15**
sík (-ok) m	9
siker f	**3**
sikeres m	**14**
sikerül i	**4**
síkság f	**19**
sír (-ok, -ja) f	19
sír (-ok) i	**19**
sokféle e	**9**
során e	19
sőt e	8
sport (-ja) f	**12**
sportesemény f	11
sportol i	**12**
sportpálya f	**11**
strand (-ja) f	**8**
súlyemelő f	15
súlyos m	**5**
svéd m	1
szabadidő (-ideje) f	**16**
szabadság f	**9**
szabadtéri m	19
szabálytalan m	5
szabó f	**17**
szag f	**11**
szakasz f	5
szakember f	**13**
szakközépiskola f	14
szakma f	14
szalad i	**5**
szállás f	9
szállítás f	9
számára e	**1**
számít i	**10**
számítógép f	14

számol i	12		szövet f	16
számos e	3		szurkoló f	12
számtalan e	19		szükséges m	6
származás f	20		szül vt i	14
szarvas f	19		**születik** i	1
század f	18		szülőház (-ak) f	19
százalék f	18		**tag (-ja)** f	12
szed vt i	6		táj (-ak) f	9
szél f	11		tájegység f	19
széles m	18		takarító f	14
személyautó f	5		**tanács** f	1
személyes m	14		**tanácsol** vt i	7
személy (vonat) f	2		tanító f	3
személyzet f	10		tanítónő f	3
szempilla f	17		tank (-ja) f	5
szempont (-ja) f	19		**tankol** i	11
szent (-je) m	6		**tantárgy (-ak)** f	14
szenteste f	7		tapasztalt m	12
szépség f	17		tapéta f	17
szeptember f	1		tapétáz i	17
szerel vt i	16		tárcsáz i	6
szerelő f	6		tárgyalás f	14
szerencsére e	2		**társadalmi** m	14
szerencsés m	13		**tartozik** i	12
szerep f	3		**tartózkodik** i	10
szereplés f	19		**tavasz** f	8
szeretet f	7		**tavasszal** e	8
szerez vt i	10		**távirat** f	4
szerszám f	16		táviratlap (-ja) f	4
szervez vt i	18		**távolság** f	5
szerviz f	5		tegeződik i	20
szezon (-ja) f	9		**tegnapelőtt** e	15
szigorú m	20		**tehát** e	16
szilva f	16		**tél (telek)** f	8
szilveszter f	7		telefonkönyv (-ek) f	11
szinte e	1		telefonszám f	1
szintén e	16		téli m	8
szívbetegség f	6		**teljes** m	9
szobabicikli f	16		temetés f	15
szobafestő f	17		temető f	5
szobatárs (-ak) f	6		tengerparti m	9
szobrász f	18		terasz f	18
szokás f	7		**térkép** f	9
szokott (← szokik) i	12		**termelés** f	19
szolgálat f	17		**természetes** m	3
szolgáltatás f	17		termeszt vt i	13
szólít vt vnek i	20		**terület** f	5
szomszéd (-ja) f	8		**tervez** vt i	2
szórakozik i	1		**tető (teteje)** f	8
szőr f	16		tetőfedő f	17
szövegszerkesztő f	14		tévészerelő f	11

tied e	2		úttest f	5
tietek e	2		üdülés f	9
tipikus m	19		üdülőhely f	9
tisztelet f	20		**ügy (-ek)** f	1
tisztelt m	4		ügyfél (-felek) f	14
titok (titkok) f	13		**ünnepel** vt i	7
tolmácsol i	20		**üres** m	18
tornász f	12		üveges f	17
továbbindul i	10		**üzlet** f	14
továbbtanul i	3		**vadászik** i	16
több e	1		vadászház (-ak) f	19
többi e	10		vaddisznó f	19
többször e	3		**vág** vt i	6
töltött káposzta f	7		vágány f	2
törődik vvel i	20		vagyon f	17
történelmi m	19		**valahogyan** e	16
történet f	18		válás f	13
trombitál i	7		**válaszol** i	3
tudós f	3		**választás** f	9
tudósító f	1		választék f	20
tulajdonképpen e	16		válik vvé (-ok) i	18
túlságosan e	14		vállal vt i	7
túra f	9		vallásos m	7
turista f	5		**valószínűleg** e	11
turistabusz f	19		**változás** f	14
turistaház (-ak) f	9		változatos m	14
tüdőbaj f	6		**változtat** vt i	15
tünet f	6		**vám (-ja)** f	10
türelmetlen m	6		várható m	8
tűz (tüzek) f	15		várnegyed f	19
udvarol i	13		varrógép f	16
ugrik i	12		**vásár** f	14
ugyanakkor e	10		vászon (vásznak) f	16
ugyanaz e	5		**váza** f	2
ugyanis e	13		végigjár vt i	6
úgyis e	2		**végigmegy** i	4
úgynevezett m	19		vegyipari m	19
újév f	7		**véletlen** m	18
újjáépít vt i	18		**véletlenül** e	3
újra e	1		vénasszony f	8
úszó f	12		vendégszoba f	9
utánanéz i	16		ventilátor f	11
utas f	2		**vers** f	13
utazás f	10		**verseny** f	12
útépítés f	5		versenyez (-nyzek) i	12
útikönyv (-ek) f	19		versenysport (-ja) f	12
útitársnő f	13		vezetés f	5
útiterv f	19		**vicc** f	6
útközben e	2		videózik i	16
utóbbi m	9		világbajnok f	12
utószezon (-ja) f	9		világbajnokság f	12

világháború	f	18	**vizsgálat**	**f**	**6**
világít	i	15	**vizsgázik**	**i**	**15**
villámlik	i	8	vizsgáztat vt	i	1
villany	**f**	**11**	vodka	f	19
villanyborotva	f	15	**volna** (← **van**)	**i**	**14**
villanyszerelő	f	11	**vonatkozik vre**	**i**	**2**
viselkedik	**i**	**20**	zár (-ak)	f	11
vitorláshajó	f	14	záróvonal (-ak)	f	5
vív (-ok)	i	12	**zavar vt**	**i**	**2**
vívó	f	12	zebra	f	4
vizes	m	20	zenei	m	20
vízi	m	20	zenés	m	20
Vízművek (← vízmű)	f	11	zongorázik	i	14
vízparti	m	9	zúg	i	11
vízum	**f**	**1**	zuhog	i	8
vízvezeték	f	16	**zseb**	**f**	**16**
vízvezeték-szerelő	f	11	zseblámpa	f	15
vízszerelő	f	17			